Topos plus **Taschenbücher**
Band 481

Manfred Hanglberger

Bin ich denn nichts wert?

Der Weg zu einem gesunden Selbstwertgefühl

Topos plus Taschenbücher

Topos plus **Verlagsgemeinschaft**

Butzon & Bercker, Kevelaer | Don Bosco, München
Echter, Würzburg | Verlag Katholisches Bibelwerk, Stuttgart
Lahn-Verlag, Limburg Kevelaer | Matthias-Grünewald-Verlag, Mainz
Paulusverlag, Freiburg Schweiz | Friedrich Pustet, Regensburg
Tyrolia, Innsbruck Wien

Bibliografische Information der Deutschen Bibliothek

Die Deutsche Bibliothek verzeichnet diese Publikation in der Deutschen Nationalbibliografie; detaillierte bibliografische Daten sind im Internet über http://dnb.ddb.de abrufbar.

040005

2003 Verlagsgemeinschaft Topos plus, Kevelaer

Originalausgabe

Einband- und Reihengestaltung:
Akut Werbung GmbH, Dortmund
Herstellung: Pustet, Regensburg
Printed in Germany

Topos plus – Bestellnummer: **3-7867-8481-7**

Inhaltsverzeichnis

Einleitung

Dieses Buch gehört zu einer kleinen Taschenbuchreihe, die folgende zentralen Gefühle behandelt:

- Zorn[1]
- Selbstwert- und Minderwertigkeitsgefühl
- Trauer[2]
- Liebe[3]
- Schuldgefühle[4]

Gefühle machen das Leben nicht nur bunt und abwechslungsreich, sondern können seelisch lähmen oder zerstörerische und verletzende Verhaltensweisen hervorbringen. So können sie für einen selbst wie für das menschliche Zusammenleben sehr belastend werden, können Angst machen, können tief verunsichern, ja sogar in Panik versetzen.

Die Logik der Gefühle gehorcht anderen Gesetzen als die Logik der naturwissenschaftlich erforschbaren Außenwelt; deshalb sind auch in unserer aufgeklärten Bildungsgesellschaft viele Menschen beim Erleben heftiger Gefühle unangenehm berührt und ratlos.

Es geht in der Präsentation dieser Gefühlsreihe um jene besonderen Gefühlszustände, die uns in ihrer Wucht und Eigenart überfordern, die wir nicht mehr in unsere Lebenserfahrung integrieren können, denen gegenüber wir uns ausgeliefert fühlen, die wir nicht verstehen können, die wir nicht in den Griff bekommen, unter denen wir also einfach hilflos leiden.

Die *systemische Psychologie* stellt für das Verständnis und den Umgang mit solchen Gefühlen wichtige neue Erkennt-

---

[1] „Ich bin zornig und das ist gut so!“ erschienen im April 2003
[2] „Tränen, die heilen“ erscheint im Jahr 2004
[3] „Wenn Liebe Leiden schafft“ erscheint im Jahr 2004
[4] „Wohin mit meiner Schuld“ erscheint im Jahr 2005

nisse und Hilfen bereit, die in weiten Kreisen der Bevölkerung noch nicht zur Kenntnis genommen worden sind. Es ist deshalb das Anliegen dieser Reihe, die hintergründige Dynamik solcher Gefühlszustände zu beschreiben und verständlich zu machen und Wege aufzuzeigen, sich von ihnen zu befreien bzw. mit ihrer Energie sinnvoll und hilfreich umzugehen.

Wer Angst, Unsicherheit oder gar Feindschaft gegenüber seinen Gefühlen, die er nicht verstehen kann, abbaut, wird sich in seinem ganzen Wesen leichter bejahen und akzeptieren können. Wächst auf diese Weise das Selbstwertgefühl, findet man zu einer positiveren Lebenseinstellung, wird hellhöriger und sensibler gegenüber dem, was an Lebendigkeit und Signalen aus der seelischen Innenwelt aufsteigt. Und wenn wir in der „seelischen Innenpolitik“ sicherer und zufriedener werden, können wir auch gegenüber den Entwicklungen und Anforderungen, die von außen auf uns zukommen, aufmerksamer und verantwortungsvoller reagieren.

Zudem werden wir eher auf Abwertung und Verachtung jener Menschen verzichten, deren Emotionalität uns bisher als unverständlich erschien, wenn die unbewusste Logik ihres Verhaltens für uns durchschaubar wird.

Menschen mit Minderwertigkeitsgefühlen haben wenig Lebensfreude und Selbstvertrauen, sie erleben die Welt oft als bedrohlich und ihre Mitmenschen als feindlich. Für sie bietet das Leben wenig Halt, die Zukunft erscheint oft düster, Ohnmachtsgefühle, Schuldgefühle, versteckte Aggressionen können ihre emotionale Welt beherrschen. Aber auch manche erfolgreiche Menschen, die Fleiß und Zielstrebigkeit entwickeln, die sich öffentlicher Bekanntheit und Anerkennung erfreuen, können gelegentlich von tiefen Minderwertigkeitsgefühlen befallen sein. Unbewusste Minderwertigkeitsgefühle sind oft Auslöser für Herzinfarkte und stressbedingte Krankheiten. Andererseits sind Minderwertigkeitsgefühle ein natürlicher Begleiter in der Ich-Entwicklung eines jungen Menschen, der erst lernen muss, sich klarer von den Eltern und anderen vertrauten Personen zu unterscheiden und die Originalität seines eigenen Bewusstseins und Lebens zu entdecken. Belastend erleben wir aber vor allem jene Minderwertigkeitsgefühle, deren Ursachen wir nicht zu entdecken vermögen; solche Gefühle, deren Herkunft wir uns nicht erklären können, wirken sehr verwirrend und verunsichernd, da sie uns keine Handlungssignale und keine Orientierung für Entscheidungen liefern.

Die unbewusste Dynamik von Minderwertigkeitsgefühlen aufzudecken, ihre vielfältigen Ursachen zu erklären und so den Menschen, der unter solchen Gefühlen leidet, handlungsfähig zu machen zu Gunsten eines gesunden Selbstwertgefühls, ist das Anliegen dieses Buches.

Auf dem Weg der Entstehung dieses Buches begleitete mich der Lektor des Pustet-Verlages, Herr Dr. Rudolf Zwank, in freundschaftlicher Weise mit Geduld und vielen konstruktiven Anregungen. Ich darf ihm dafür herzlich danken. Ebenso danken möchte ich meiner Haushälterin Frau Doris Bäuml für ihre fleißige, zuverlässige und engagierte Mitwirkung bei der Entstehung dieses Buches.

I. Selbstwertgefühl und der seelische Raum

Selbstwertgefühl ist für den Menschen deshalb so wichtig, weil er ein ganz besonderes Wesen ist. Er hat eine Seele. Das ist nicht nur eine Glaubensvorstellung, das bedeutet vor allem, dass er ein Bewusstsein besitzt und ein seelisch „vernetztes" Wesen ist. Der Mensch als vernetztes Wesen will nicht nur in sich selbst, sondern auch ein Stück in den Herzen oder Gedanken anderer Menschen existieren. Er hört nicht an seiner Haut auf. Er kann durch menschliche Beziehungen, durch Wertschätzung und Vertrauen in gewisser Weise auch in den Gedanken und Gefühlen anderer Menschen „wohnen". Die Weise, wie wir bei anderen Menschen innerlich „wohnen" dürfen, prägt ganz entscheidend unser Selbstwertgefühl bzw. unser Unzufriedenheitsgefühl.

Wie andere Menschen innerlich über uns denken, hat Auswirkungen auf unser Selbstverständnis. Wir erfahren das, wenn wir kritisiert oder gelobt werden, wenn wir also eine Spiegelung dessen erleben, wie wir auf andere wirken. Aber nicht nur, dass wir den seelischen Raum bei anderen Menschen ein Stück beanspruchen und dort also als vernetzte Wesen existieren, auch in uns selbst existiert ein seelischer Raum, und es ist keineswegs selbstverständlich, dass wir in uns selber einen guten Platz haben. Menschen können durch negative Erfahrungen sich selber gering schätzen, ja geradezu verachten; die systemische Psychologie hat darüber hinaus aufgedeckt, dass Kinder in Helfer-Rollen für ein Elternteil geraten können und dadurch zu wenig lernen, sich selbst wahrzunehmen, oder dass man durch die seelischen Energien eines abgewerteten Angehörigen besetzt wird. Dadurch bleibt für das eigene Ich in einem selbst zu wenig Raum.

Eine Grundthese dieses Buches lautet deshalb: Unser Selbstwertgefühl hängt wesentlich damit zusammen, wie wir einerseits in den Seelen und Gedanken anderer Menschen einen Platz der Wertschätzung und des Wohlwollens bekommen und ob wir andererseits unseren eigenen seelischen Raum spüren, genießen, ausfüllen und beanspruchen können für unser eigenes Ich, für unsere eigenen Gefühle, für unsere eigenen Ideen und Wünsche, für die souveräne Entfaltung unseres Wesens.

II. Wodurch entstehen Minderwertigkeitsgefühle?

1. *Minderwertigkeitsgefühle im Netzwerk der Gefühle*

Gefühle existieren nicht für sich isoliert; oft entwickeln sie sich aus anderen Gefühlen, wie zum Beispiel Schuldgefühle aus Lustgefühlen, die auf Kosten eines Mitmenschen genossen worden sind, oder Minderwertigkeitsgefühle aus lang anhaltenden Schuldgefühlen, die nicht aufgelöst werden konnten. Neben diesen bekannten Gefühlsabfolgen gibt es andere sehr wichtige Gefühlsfolgen, die meist unbekannt sind, weil sie mit einem abgewerteten und angstbesetzten Gefühl beginnen. So folgt z. B. nach einem starken Zorn, den man zeigen konnte ohne zu beleidigen und der von der Umgebung angenommen wurde, oft eine tiefe Trauer und nach der Trauer ein Gefühl der Verbundenheit und der Versöhnungsbereitschaft.

Aber es gibt nicht nur Gefühlssukzessionen, also die Aufeinanderfolge sehr verschiedener Gefühlsenergien, sondern auch die Gleichzeitigkeit unterschiedlicher Emotionen. Wenn es sich dabei um gegensätzliche Gefühle wie Zorn und Zuneigung gegenüber demselben Menschen handelt, ist das oft extrem belastend und verwirrend. Zudem gibt es die Gleichzeitigkeit verschiedener Gefühle, die sich gegenseitig stabilisieren bzw. verschlimmern, wie z. B. Gefühle der Traurigkeit, der Schuld, der Angst und das Minderwertigkeitsgefühl. Die wechselseitige Wirkung dieser Gefühle erlebt mancher Mensch wie ein Netz, das ihn umhüllt und alle Lebensenergien zu rauben droht. Gerade selbstmordgefährdete Menschen sind in solchen belastenden Gefühlsnetzen gefangen und sehen keinen Ausweg mehr, wenn sie nicht von außen Hilfe erhalten.

Im Folgenden wird der Zusammenhang des Minderwertigkeitsgefühls mit wichtigen anderen Gefühlen dargestellt:

a) Minderwertigkeitsgefühl und Angst

Die wichtigste Verbindung gibt es bei Minderwertigkeitsgefühlen wohl mit dem Gefühl der Angst. Angst hat mit Enge, keinen Platz haben, zu tun. Das kann sowohl den Raum in der Außenwelt für die eigene körperliche und wirtschaftliche Existenz betreffen, das kann der seelische Raum bei den Mitmenschen – als Raum der Achtung, der Wertschätzung und Verbundenheit in deren Gefühlen und Gedanken – sein, aber auch der eigene seelische Raum, wenn er besetzt ist von Tabus, von kindlichen Verboten und Einschüchterungen oder von seelischen Energien der Eltern und anderer Vorfahren, denen man in unbewusster Liebe in sich Raum gegeben hat. Es ist die besondere Form „der Angst, nichts wert zu sein" und keinen Platz zum Leben in dieser Welt zu haben, die mit dem Minderwertigkeitsgefühl nahezu identisch ist.

Bei allen unangenehmen Gefühlen gibt es eine Wechselwirkung mit Minderwertigkeitsgefühlen: Ein ängstlicher Mensch traut sich nicht viel zu und bekommt deshalb Minderwertigkeitsgefühle. Umgekehrt können Minderwertigkeitsgefühle extreme Angst davor erzeugen, überfordert zu werden, zu versagen, einer Aufgabe nicht gewachsen zu sein.

b) Minderwertigkeitsgefühl und Kleinheitsgefühl

Wenn wir mit wachen Sinnen durch die Welt gehen, merken wir, wie klein der Mensch ist angesichts der großen Dimensionen der Natur, die uns umgibt. Ob Menschen die Gewalt der Naturkräfte in einer Überschwemmungskatastrophe erleben oder die unvorstellbaren Weiten des heute bekannten Weltalls bedenken, in dem unsere schöne Erde nur wie ein winziges Staubkorn erscheint, oder ob wir die 4,6 Milliarden

Jahre der Erdgeschichte bedenken, in der Millionen verschiedener Pflanzen- und Tierarten aufgetaucht und wieder untergegangen sind – in Anbetracht dieser Dimensionen fühlt man sich klein und unbedeutend. Aber auch die Ohnmacht, die man als einzelner Bürger gegenüber den politisch und wirtschaftlich Mächtigen des eigenen Landes und in der Welt erlebt, kann einem das eigene Kleinsein schmerzlich bewusst machen. Aber das ist nicht dasselbe wie ein Minderwertigkeitsgefühl. Wenn wir dies vergleichen mit der Welt der Dinge, dann stellen wir fest, dass es auch dort sehr Kleines gibt, das sehr wertvoll sein kann, z.B. Edelsteine. Auch in der Medizin oder Chemie können sehr kleine Mengen einer Substanz eine sehr bedeutungsvolle Wirkung haben. So können wir auch als winzige Bewohner dieses Planeten Erde gegenüber dem großen Weltall doch auch stolz und selbstbewusst sein, dass wir immer mehr fähig werden, dieses Universum zu erforschen, es zu „denken". Und auch das bewusste Zugehörigkeitsgefühl zur gewaltigen Lebensgemeinschaft dieser Erde und zur Existenz dieses Kosmos kann für manche durchaus auch ein Gefühl von Geborgenheit und Sinnhaftigkeit ermöglichen.

Wer jedoch in der eigenen psychodynamischen Entwicklung Abwertungen, Ausgrenzungen, Ungerechtigkeiten und Demütigungen erleben musste, für den können die Dimensionen der Außenwelt auch erdrückend wirken. Dann kann ein äußeres Kleinheitserlebnis ein vorhandenes Minderwertigkeitsgefühl verstärken.

c) Minderwertigkeitsgefühl und Trauer

Minderwertigkeitsgefühle können Trauer über die eigenen beschränkten Lebensmöglichkeiten auslösen, aber Trauer kann auch Minderwertigkeitsgefühle verursachen. Dies vor allem dann, wenn man im Gefühl der Trauer fest hängt und sich nicht davon lösen kann, wenn im dynamischen Wechselspiel der Gefühle die Trauer wie eine Sackgasse erlebt wird, aus der man keinen Ausweg mehr findet. (Ausführlicher dazu in Kapitel II., 3 d: „Angst vor der Beständigkeit unangenehmer Gefühle“ und Kapitel IV. 6: „Verstorbene verabschieden“.)

Bei verdrängter Trauer passiert häufig das, was bei der Verdrängung eines starken Gefühls meistens folgt: Nicht nur das verdrängte Gefühl, sondern die gesamte Gefühlswelt wird gedämpft. Der ständige Druck auf eine Stelle in der Seele beeinträchtigt den gesamten Seelenhaushalt. Was ist die Wirkung? Es wird schwierig mit der Wahrnehmung der eigenen Gefühle. Das ist nicht nur eine Reduzierung der inneren Lebendigkeit und Zufriedenheit, sondern das ist der Verlust der inneren Orientierung. Denn Gefühle machen das Leben nicht nur bunt und abwechslungsreich, sondern sind vor allem Signale des Körpers und der Seele, die dem Menschen Orientierung liefern für die Einschätzung seiner Stellung in der Welt und in seinem gesamten Beziehungsnetz. Fehlen ihm nun diese Signale und damit diese Orientierung, wird er unsicher in seinen Entscheidungen und besonders in Konfliktsituationen. Diese Unsicherheit löst Angst und Minderwertigkeitsgefühle aus.

Wirkungszusammenhang zwischen verdrängter Trauer und Minderwertigkeitsgefühlen:

d) Minderwertigkeitsgefühle und Schuldgefühle

Ähnlich bedeutungsvoll ist auch der Zusammenhang zwischen Minderwertigkeitsgefühlen und Schuldgefühlen. Wenn wir einen Mitmenschen beleidigt oder verletzt haben, wenn wir ungerecht waren oder einen unnötigen Konflikt vom Zaun gebrochen haben, können uns anschließend Gewissensbisse plagen. War es unsensibles Verhalten, seelische Blindheit, naiver Egoismus, Unbeherrschtheit – was auch immer wir als vordergründige oder hintergründige Ursachen auszumachen versuchen: Solche Überlegungen und die damit verbundenen Gefühle können in einem sehr unangenehmen Gefühl von Minderwertigkeit münden. Vor allem, wenn es nicht gelingt, begangenes Unrecht wieder gutzumachen, entstandene Konflikte wieder zu klären, wenn die Auswirkungen unseres Fehlverhaltens eine Langzeitwirkung entwickeln, haben solche Ereignisse eine starke negative Wirkung auf unser Selbstwertgefühl.

Eine besonders bedrückende Intensität bekommen Minderwertigkeitsgefühle, wenn sie durch starke Schuldgefühle entstehen, von denen wir nicht wissen, wodurch sie verursacht sind. Dies ist möglich, wenn wir unbewusst ein Schuldgefühl von Vater oder Mutter oder einem anderen Vorfahren übernommen haben. Dazu sind Kinder mit ihrer extremen Fähigkeit des Mitfühlens und des seelischen Dazugehörens zu den Eltern in der Lage. Kinder, so hat die systemische Familientherapie aufgedeckt, sind der schwächste Teil der Gemeinschaftsseele der Eltern, die zudem das Beziehungsgeflecht der Eltern mit deren Eltern und Geschwistern verinnerlichen. So kann ein erwachsener Mensch Schuldgefühle in sich tragen, wenn seine Mutter ein Kind verloren hat und deswegen Schuldgefühle entwickelte. Auch wenn die Mutter am Tod ihres Kindes unschuldig war, können solche Schuldgefühle entstehen und von einem anderen Kind übernommen werden. In solchen Fällen, in denen wir unser belastendes Gefühl nicht in Zusammenhang bringen können mit dem Ereignis, durch das es ausgelöst wurde, weil dieses Ereignis nicht in der eigenen Biografie enthalten ist, sondern zur Lebensgeschichte meist von Vater oder Mutter gehört, unterliegen wir der Versuchung, alle möglichen Verhaltensweisen in unserem eigenen Leben als mögliche Ursache für solche Schuldgefühle als Auslöser zu erklären. Diese Verallgemeinerung wirft einen belastenden Schatten auf sehr viele unserer Verhaltensweisen, die – so fantasiert man dann – vielleicht irgendwie negative Auswirkungen auf unsere Mitmenschen haben könnten. Sowohl das unangenehm belastende und langfristig wirkende Schuldgefühl dieser Art, wie vor allem diese Tendenz zur Verallgemeinerung auf der Suche nach seiner Ursache ist ein sehr wichtiger Grund für Minderwertigkeitsgefühle.

e) Minderwertigkeitsgefühl und Eifersucht

Hier ist der Wirkungszusammenhang umgekehrt. Minderwertigkeitsgefühle können extreme Eifersucht auslösen. Weil man sich selbst nicht wirklich besitzt, weil man mit seinen eigenen Gefühlen und seelischen Belastungen nur schwer zurechtkommt, weil man seine eigene Originalität und Kreativität kaum entdecken und entwickeln konnte, versucht man als Ersatz für dieses seelische Vakuum einen anderen Menschen zu besitzen. Weil man als Kind zu wenig wahrgenommen worden ist, hat man nicht gelernt, sich selbst wahrzunehmen und zu achten; deshalb will man später einen anderen Menschen zwingen, von ihm ständig und ohne Unterlass wahrgenommen zu werden. Belastende Eifersucht hängt vor allem mit der entwicklungspsychologischen Tatsache zusammen, dass ein Kleinkind der einzige Mensch ist, der das Recht hat, einen anderen Menschen zu „besitzen“, nämlich seine eigene Mutter. Der Säugling bestimmt durch seine lebensnotwendigen Bedürfnisse zum großen Teil den Tagesablauf der Mutter. Sie muss ihre Zeit einteilen für die Schlaf- und Nahrungsbedürfnisse ihres Kindes. Und für das Kind ist es lebensnotwendig, im Zusammenhang mit der Befriedigung seiner körperlichen Bedürfnisse auch die menschliche Zuwendung der Mutter zu erhalten. Angelächelt werden, angesprochen werden, zärtlich berührt werden: Das ist für die Seele des Säuglings und für die Entwicklung von Selbstvertrauen und Selbstwertschätzung so notwendig, wie die körperliche Nahrung für das Leben und Wachsen. Wem es als Kleinkind verwehrt war, seine Mutter in dieser Weise zu „besitzen", der versucht dies später nachzuholen: bei seinem Lebenspartner, manchmal bei seinen Kindern oder bei seinen Arbeitskollegen. Da dieses besitzergreifende Verhalten grenzenlose Ausmaße annehmen kann und andererseits von den Mitmenschen keineswegs immer ertragen und akzeptiert wird, entstehen oft sehr starke Eifersuchtsgefühle. Dahinter lassen sich Minderwertigkeitsgefühle deshalb so gut verbergen oder ins Unbewusste abdrängen, weil sie in der Gestalt von liebevoller Verbundenheit auftreten. Am Arbeitsplatz werden solche unbewussten Minderwertigkeitsgefühle eines Vorgesetzten gegenüber den Mitarbeitern z. B. als Solidaritätsforderung für die Ziele eines Betriebes präsentiert.

f) Minderwertigkeitsgefühl und Liebe

Menschen mit Minderwertigkeitsgefühlen können sich ungeheuer stark verlieben. Warum ist das so? Weil das Minderwertigkeitsgefühl oft entstanden ist aus einer unerfüllten Sehnsucht aus Kindertagen, wenn Vater oder Mutter nicht erreichbar waren. Im Erwachsenen enthält die liebevolle Verbundenheit mit einem Partner die Verheißung, dass alle unerfüllte Sehnsucht aus langen Kindheitsjahren endlich Erfüllung findet, dass Sehnsuchtsschmerzen und Wehmut, die meist längst aus dem Bewusstsein entschwunden sind, aber im Unbewussten weiter wirken, jetzt Heilung und Tröstung finden. In der erfahrenen Zuneigung eines liebevollen Menschen steigt das alles mit auf und löst eine starke Faszination aus. Aber nach einiger Zeit taucht auch die Angst auf, den geliebten Menschen wieder zu verlieren, weil man sich wegen seiner eigenen Minderwertigkeitsgefühle letztlich nicht für liebenswert hält.

Die Angst kann sich mit Misstrauen und Eifersucht verbinden, weil die Minderwertigkeitsgefühle, durch die man sich selbst abwertet, auch den geliebten Menschen abwerten. Denn ist er wirklich ein so wertvoller und liebenswerter Mensch, wenn er ein wenig wertvolles Wesen wie mich liebt? So kann ein fataler Teufelskreis gegenseitiger Abwertung entstehen. Ein Mensch mit starken Minderwertigkeitsgefühlen erwartet, vom Partner zu erhalten, was er selbst in seiner Kindheit vermisst hat, und drängt ihn damit in eine Vater- bzw. Mutterrolle, die ihn auf Dauer überfordert und die deshalb sehr lästig werden kann. So können Minderwertigkeitsgefühle partnerschaftszerstörende Prozesse in Gang setzen.

Wenn die Energie liebevoller Zuneigung stark von Minderwertigkeitsgefühlen genährt wird, ist das Bedürfnis mächtig, sich vor allem am anderen anlehnen zu dürfen, vom anderen geschützt und seelisch genährt zu werden, vom anderen „aufgebaut“ zu werden. Aber in der Partnerschaft muss es einen Ausgleich geben und eine Abwechslung von „sich anlehnen dürfen“ und „dem anderen Halt geben“. Jeder muss schwach sein dürfen und jeder muss auch stark sein können. Wenn über lange Zeit dieser seelische „Partnerschaftshaushalt“ einseitig läuft und dadurch ein starkes „Gefälle“ zwischen den Partnern entsteht, werden die Trennungsenergien stärker. Denn die „Gefälle-Struktur“ entspricht mehr einer Eltern-Kind-Beziehung und diese ist auf „Abschied“, auf die Lösung eines Kindes von den Eltern angelegt, die sich hier in der Partnerschaft als Lösungstendenz eines der beiden Partner entwickelt.

Wenn Partner mit einem starken Gefälle in ihrer Beziehung doch zusammenbleiben, kann der seelisch Stärkere, der seit Jahren den Schwächeren trägt, Depressionen und Minderwertigkeitsgefühle bekommen, da er beängstigend spürt, dass es ihm nicht erlaubt ist, auch einmal schwach und anlehnungsbedürftig zu sein. In einer Partnerschaft so stark sein zu müssen, dass sich nicht nur die Kinder, sondern auch der Partner immer anlehnen kann, verursacht oft nach Jahren plötzlich tiefe Unsicherheit und Unzufriedenheit.

Was wir in der Kindheit vermisst haben, können wir als Erwachsene nur zu einem Teil nachholen. Wer das alles später von anderen Menschen erhalten will, auf die hin er seine Mutter- bzw. Vater-Sehnsüchte projiziert, schafft unangenehme Konflikte und handelt sich neue Enttäuschungen und Verletzungen ein, was nur zusätzliche Minderwertigkeitsgefühle verursacht.

Enttäuschungen aus der Kindheit müssen wir betrauern, statt das, was wir vermisst haben, uns von anderen Menschen holen zu wollen.

In rechter Weise trauern, das heißt, seine Vergangenheit bewusst anschauen und dabei die Schmerzen aus der eigenen Geschichte annehmen und in diese Geschichte innerlich einwilligen. Das ist ein Verhalten, das einem Erwachsenen angemessen ist; aber das, was man in der Kindheit vermisste, von anderen Menschen einzufordern und diese damit zu belasten, ist ein Rückfall in kindliche Bedürfnisse und Verhaltensweisen.

Wer diese Dynamik nicht durchschaut und nicht bereit ist, am Problem seiner Minderwertigkeitsgefühle auch selbst und unabhängig vom Partner zu arbeiten, wird mit seiner übergroßen Sehnsucht, die oft in Eifersucht und in eine Besitz ergreifende Form der Liebe umschlägt, den Partner vertreiben.

g) Minderwertigkeitsgefühl und Zorn

Jähzorn können wir auch als Kompensationsform von Minderwertigkeitsgefühlen verstehen, da man im Zornesausbruch explosionsartig sich und den eigenen Bedürfnissen Raum zu schaffen versucht und starkes Aufsehen erregt. Genau dies glauben Menschen zu brauchen, die sich im gewöhnlichen Alltag unbedeutend empfinden und aus ihrer lebensgeschichtlichen Vergangenheit den Eindruck haben, nicht wahrgenommen und nicht genügend geachtet zu werden. Aber zwischen Minderwertigkeitsgefühlen und Zorn gibt es auch den umgekehrten Wirkungszusammenhang. Ein Mensch, der unter seinem eigenen Jähzorn leidet, der sieht, wie er dadurch verletzt und seine menschlichen Beziehungen belastet, manchmal vielleicht sogar zerstört, aber trotz starker Willensanstrengungen seinen Jähzorn nicht unter Kontrolle bringt, kann tiefe Minderwertigkeitsgefühle entwickeln. Ähnlich wie bei Trauer und Schuld kann auch das Gefühl des Zornes deshalb so mächtig und unkontrollierbar werden, weil es zusätzlich aus Kindertagen, in denen dieses Gefühl abgewertet und verdrängt werden musste, genährt ist oder weil es von den Eltern oder anderen Verwandten übernommen wurde.

2. *Auf dem Weg der ICH-Findung*

Minderwertigkeitsgefühle sind ein natürliches Begleitgefühl auf dem Weg der Ich-Entwicklung eines jungen Menschen, der langsam herauswächst aus dem „Mutterschoß" der Familie, wo er geborgen, geschützt und versorgt war. Jetzt muss er lernen, Entscheidungen selbstständig zu treffen, ob in der Schule, für den Ausbildungsweg, für die Berufswahl oder später für die Partnerschaft. Das alles bedeutet: Ich bin immer mehr für mich selber verantwortlich, bin verantwortlich dafür, was aus meinem Leben wird, und es ist die Frage, ob ich in der Gemeinschaft der Mitmenschen, mit denen ich lebe, auch anerkannt werde, ob ich mich zeigen kann mit meinen Fähigkeiten und Begabungen, ob ich mit all dem einen guten Platz bekomme in der „Welt", d. h. zuerst einmal in der Stadt oder in dem Dorf, in dem ich lebe oder in dem Betrieb, in dem ich arbeite.

Auf diesem Weg der Ich-Entwicklung will man die eigene Originalität entdecken. Ich-Entwicklung heißt eben auch entdecken, dass ich mich von jedem anderen Menschen unterscheide, dass ich „ich“ bin und nicht irgendeiner. Diese Ich-Entwicklung geht durch die Erfahrung von Einsamkeit hindurch. Je mehr ich aber meine Originalität entdecke und zum Ausdruck bringe, desto schwieriger kann es für manche Mitmenschen sein, mich zu verstehen. Denn je deutlicher ich mich von anderen Menschen unterscheide, desto schwieriger ist es natürlich auch, etwas mitzuempfinden oder mitvollziehen zu können. Und die Angst, die dabei entsteht, erleben besonders junge Menschen als verunsichernd. Sie möchten nicht mehr behandelt werden wie Kinder, sie möchten schon zu den Erwachsenen gehören, andererseits aber möchten sie sich noch in die Familie zurückziehen können, möchten zwischendurch wieder versorgt werden wie Kinder. Dieses Hin-und-her-gerissen-Sein zwischen „noch ein Kind sein dürfen“ und „schon wie Erwachsene behandelt werden wollen“, das ist eine Gratwanderung, bei der man nicht immer gradlinig voran kommt, sondern oft pendelt zwischen Eigenverantwortlichkeit und Anlehnungsbedürftigkeit. Junge Menschen sind immer wieder dabei, ein größeres Stück Verantwortung auszuprobieren, machen freilich dabei manches falsch und haben Angst, sich zu blamieren. Solche Unsicherheit schafft auch Minderwertigkeitsgefühle.

Bei unserem Thema geht es aber nicht so sehr um diese entwicklungspsychologisch beschreibbaren Minderwertigkeitsgefühle, die die meisten ja aus ihrer eigenen Jugendzeit kennen oder bei ihren Kindern beobachten können. Hier geht es um die Frage, warum solche Minderwertigkeitsgefühle „hängen bleiben“ können, warum sie zu einer Grundstimmung bei einem erwachsenen Menschen werden, warum sie sein ganzes Lebensgefühl bestimmen können.

Die traditionelle Psychologie geht davon aus, dass ca. 50 % solcher das Leben prägender Grundstimmungen genetisch verursacht seien und deshalb dieser seelische Anteil therapeutisch nicht behandelbar sei. Als Familientherapeut mit einem systemischen Menschenbild vermute ich, dass die

Schulpsychologie für jene Probleme, für die sie in der Lebensbiografie eines Menschen keinerlei Anhaltspunkte und Ursachen erkennen kann, von Vererbung und damit von genetischer Prägung ausgeht. Die systemische Psychologie aber sieht für solche Probleme die Möglichkeit, dass ein belastender Gefühlszustand, z. B. ein bedrückendes Minderwertigkeitsgefühl, von einem Elternteil oder von einer in der Verwandtschaft abgewerteten Person übernommen sein kann. Manche systemischen Therapeuten nennen es „dunkle Treue“; ich nenne es „unbewusste Liebe“ eines Kindes, das die seelischen Belastungen der Eltern oder von anderen Verwandten spürt und in unbewusster Solidarität die eigene Seele öffnet für jenen belasteten Menschen. Eine der wichtigsten menschlichen Fähigkeiten, das Mitgefühl, das bei einem Kind wegen seiner noch weitgehend fehlenden „seelischen Haut“ so intensiv werden kann, dass es zu einer Identifikation kommt, ist nach meiner Überzeugung die eigentliche Ursache für viele solcher Probleme, die in den traditionellen Denkmustern unerklärlich erscheinen und deshalb als genetisch verursacht interpretiert werden.

3. Die Angst vor Gefühlen bewirkt Minderwertigkeitsgefühle

Minderwertigkeitsgefühle gehören in der Vielfalt der menschlichen Gefühlsregungen zur Gruppe jener Gefühle, die als besonders unangenehm gelten, vor denen viele Angst haben und die besonders stark verdrängt werden. Und oft, wenn Gefühle wie Angst, Ohnmacht, Enttäuschung, Schuldgefühle, Schamgefühle sehr mächtig und langfristig wirken, erzeugen sie zusätzlich auch noch Minderwertigkeitsgefühle. Denn wir scheuen uns, solche Gefühle nach außen hin zu zeigen. Wir haben Angst, wegen solcher Gefühle von den Mitmenschen als schwach und hilflos angesehen zu werden und deshalb deren Wertschätzung und Achtung zu verlieren.

Die Angst vor unangenehmen Gefühlen, die in einem aufsteigen können, ist wie eine Angst vor sich selbst, vor dem, was in einem ist, vor dem, was Teil der eigenen Seele, Teil des eigenen Wesens ist.

a) Angst vor der Gegensätzlichkeit der Gefühle

Dramatische Ereignisse lösen oft sehr gegensätzliche Gefühle aus, für die man im gesellschaftlichen Umfeld aber nur zum Teil Verständnis findet. Beim Tod eines Familienangehörigen können z. B. nicht nur Schmerz und Trauer entstehen, sondern auch Zorn und Entrüstung gegenüber dem Verstorbenen. Der Tod eines lieben Mitmenschen und der Schmerz der Trennung können in unserer Seele auch Zorn wecken. Wenn wir für ein Gefühl kein Verständnis finden, schämen wir uns dieses Gefühls und glauben, dass mit unserer Gefühlswelt etwas nicht in Ordnung ist, d. h. dass mit uns etwas nicht in Ordnung ist. Daraus resultieren leicht Minderwertigkeitsgefühle.

Auch Trauer und Freude und Schuldgefühle können in ihrer Gegensätzlichkeit seelische Verwirrung stiften: Der erstgeborene Sohn in einem landwirtschaftlichen Betrieb sollte Hoferbe werden. Da er aber im Krieg umkam, konnte der zweitgeborene Sohn das Erbe antreten. Die Trauer um den gefallenen Bruder stand bei ihm nun in krassem Widerspruch zur Freude über den beruflichen und finanziellen Vorteil. Diese Freude musste er verständlicherweise verbergen. Ja, er bekam sogar Schuldgefühle wegen seiner heimlichen Freude. Auch solches Gefühlswirrwarr schafft Minderwertigkeitsgefühle.

b) Angst vor der Heftigkeit der Gefühle

Der seelische Raum, von dem am Anfang des Buches die Rede war, steht für die eigenen Gefühle nicht zur Verfügung, wenn wir Gefühle bekämpfen, weil wir Angst vor ihnen haben. Das kann verschiedene Ursachen haben: Jemand hat z. B. in der Kindheit etwas so Schlimmes erlebt, dass er „weggeschaut“ hat; ein anderer hat ein Elternteil verloren; in der Familie wurde jemand schlimm gedemütigt oder misshandelt, oder ein Unglück geschah, das einen Schock verursachte. Es kann also sein, dass man als Kind etwas erlebt hat, das panikartige Gefühle auslöste, die nicht auszuhalten waren. Und nun ist man ein Leben lang auf der Flucht vor diesen Gefühlen. Man traut sich nicht, nach innen zu schauen, weil auch die verdrängten Gefühle trotzdem in uns da sind. Sie wollen hochkommen, aber wir wollen sie um alles in der Welt nieder halten. Solche Gefühle liegen auf der Lauer. Wir haben Angst, sie könnten uns unseren seelischen Atem rauben. Wenn es z. B. ein Gefühl von Trauer ist, könnten unkontrolliert Tränen hervorbrechen. Gerade bei Schülern ist dies immer wieder zu beobachten. Es ist für einen Jungen äußerst peinlich, wenn ihm überraschend die Tränen kommen. Deshalb entwickeln gerade Jungen im Alter von 10 bis 15 Jahren einen besonders extremen Verdrängungsmechanismus. Aber auch für Kinder, die noch kleiner sind, kann z. B. der Tod eines Elternteils oder der Tod eines Geschwisters bewirken, dass sie seelisch einfach die Augen zumachen und das Ereignis nicht wahrhaben wollen.

Um das Vertrauen ins Leben zu retten, blenden Kinder ein schlimmes Ereignis und die Gefühle, die damit zusammenhängen, aus. Als Erwachsene aber haben sie dann ständig Angst vor dem, was in ihnen aufsteigen will. In der Schule sind solche Kinder nach außen orientiert, suchen ständig nach Ablenkung. Wenn man etwas Meditatives mit ihnen machen will, können sie sich nicht ruhig halten. Denn sobald es um sie her ruhig wird, kommt das Innere hoch und dann müssen sie sich bewegen, müssen irgendetwas machen, rumschauen, die anderen stören, weil die Ruhe bedrohlich ist. Denn es droht in ihnen etwas aufzusteigen, was sie als unerträglich empfinden.

Früher meinte man, kleinere Kinder könnten schicksalhafte Ereignisse in ihrer Bedeutung nicht erfassen. Heute weiß man, dass sie Schicksalsschläge zwar nicht denken und verstehen können, aber in ihrer seelischen Wahrnehmung bekommen sie alles mit und reagieren entsprechend mit Gefühlen. Die Grundgefühle wie z. B. Geborgenheit, Zuneigung oder Verlustangst, die mit den Beziehungen in der Familie zu tun haben, sind auch bei einem Säugling so wach wie bei einem Erwachsenen. Später aber ist es schwierig, schmerzhafte Geschehnisse ins Bewusstsein zu heben, weil diese emotional wirken, ohne auf der Bewusstseinsebene zur Verfügung zu stehen und deshalb sehr verwirren und belasten. Nur langsam gelingt es später durch Therapie, diesen Zusammenhang zwischen Ereignis, Gefühl und Bewusstsein herzustellen. Dies aber ist notwendig, damit sich das Selbstwertgefühl entwickeln und stärken kann. Denn Minderwertigkeitsgefühle entstehen, wenn Gefühle unabhängig vom Wissen um die zugrunde liegenden Ereignisse in uns wirken; wir empfinden sie dann wie Gespenster in unserer Seele.

c) Angst wegen der Unbeständigkeit der Gefühle

In einem gesunden Seelenhaushalt gibt es eine große Vielfalt von Gefühlen, die aufsteigen können und sich wieder verabschieden. Wer aufgehört hat, seine Gefühle zu bewerten und manche von ihnen zu fürchten, wird entdecken, dass der vielfältige Wechsel der Gefühlszustände und Stimmungen das Leben bunt macht, dass er sich innerlich sehr lebendig fühlt und dass die Gefühle ihn in einer vielfältigen Weise mit der Welt um ihn her verbinden. Sie liefern ihm Orientierung und Sicherheit, weil sie sensible und sehr differenzierte Signale sind. In seinen Gefühlen sind seine Beziehungen zu den Mitmenschen und zur kleinen und großen Umwelt lebendig. Aber trotz dieses Wechsels der Emotionen brauchen wir für unsere Zufriedenheit und unser Glücksempfinden auch eine gewisse Beständigkeit von so fundamentalen Gefühlen wie Liebe, Verbundenheit, Vertrauen und Wertschätzung.

Wenn nun bei einem Menschen, der sich verliebt hat, dieses Gefühl trotz einer äußerlich positiven Entwicklung der Beziehung ohne erkennbaren Grund wieder verschwindet, kann dies sehr verwirrend sein. Wenn er sich dreimal hintereinander verliebt und jedes Mal nach wenigen Monaten das Gefühl der Zuneigung wieder verschwunden ist, kann er den Eindruck bekommen, er sei nicht liebesfähig, er sei emotional unbeständig, er sei nicht in der Lage, eine tragfähige Beziehung einzugehen. Eine solche emotionale Unbeständigkeit kann tiefe Minderwertigkeitsgefühle auslösen.

Bei einer Frau, die dieses Problem hatte, war die Ursache systemisch begründet:

Nicht in ihrer eigenen Kindheitsgeschichte lag das Problem, sondern in der Kindheit ihres Vaters. Dieser war noch ein Säugling, als sein Vater im Krieg umkam. Bei seiner Mutter ist er als Einzelkind aufgewachsen. Seine kindliche Sehnsucht nach dem fehlenden Vater übernahm später seine Tochter. Die besondere Problematik im seelischen Muster dieser Sehnsucht wird verständlicher, wenn wir erkennen, dass in diesem Fall die größte Liebe einem Unerreichbaren gilt. Dieses Muster hat die Tochter übernommen. Sobald sie den Geliebten „haben“ konnte, verschwand die Energie der Zuneigung.

Die Lösung liegt in einem solchen Fall im bewussten Mitgefühl der Tochter mit dem Schicksal des Vaters und in der Integration des nicht verabschiedeten Großvaters in die eigene seelische Welt. Wenn er seelisch „da“ sein darf und sein Leben und Schicksal samt seinem Tod geachtet wird, nimmt die krankmachende Sehnsuchtsstruktur in der Seele ab. (Ausführlicher zum Thema „Sehnsuchtshand“ in: Manfred Hanglberger, „Die Geburt des ICH“, S. 59 ff.)

d) Angst vor der Beständigkeit unangenehmer Gefühle

Ein anderer Grund, warum Menschen vor ihren Gefühlen Angst haben und diese deshalb verdrängen und zu vermeiden suchen, ist die bekannte Tatsache, dass es möglich ist, lange Zeit in einem unangenehmen Gefühl hängen zu bleiben, davon besetzt und seelisch gelähmt zu werden. Wir kennen das vor allem bei tiefer, lang anhaltender Trauer, aber auch bei Ärger und Missstimmung, bei Wut und Rachegefühlen. Dem, der solches erlebt, ist meist nicht bewusst, dass seine Gefühle aus verschiedenen Quellen, aus unterschiedlichen Ereignissen seiner eigenen Lebensgeschichte gespeist sein können. Eine seelische Wunde aus Kindertagen kann in einem aktuellen leidvollen Erlebnis wieder aufbrechen und so mächtig werden, dass sie das Abklingen der aktuell verursachten seelischen Schmerzen verhindert und ähnlich wie eine chronische körperliche Krankheit zu einem beständigen Teil des Gefühlslebens wird. Die Familientherapie hat zudem aufgedeckt, dass sogar ein ungelöstes seelisches Leiden bei Vater und Mutter von einem Kind übernommen werden kann; später kann in dessen Lebensgeschichte deshalb ein Schicksalsschlag gefühlsmäßig übermächtig werden. Gefühle, die auf diese Weise aus verschiedenen Ereignissen, aus verschiedenen Zeiten und sogar aus verschiedenen Lebensgeschichten genährt sein können, haben die lähmende Wirkung, dass sie dem Gesetz des Wechselspiels der Gefühle nicht mehr gehorchen, sondern sich festsetzen und so das seelische Leben in eine Sackgasse gerät. Auch wenn diese Zusammenhänge den meisten Menschen nicht bekannt sind, ist doch jedermann bekannt, wie fest man sich in unangenehmen Gefühlen verhaken kann, sodass man nicht mehr zur alten seelischen Lebendigkeit und Lebensbejahung zurückfindet. Deshalb ist die Angst vor solchen seelischen Blockaden sehr verständlich. Aber gerade diese Angst bewirkt oft eine „vorbeugende“ Unterdrückung der Gefühle und damit eine Unsicherheit gegenüber dem, was in der eigenen Seele auftauchen und nicht mehr kontrollierbar hervorbrechen könnte. Immer wenn unangenehme Gefühle langfristig mächtiger werden als unsere Willenskräfte, können sie Minderwertigkeitsgefühle auslösen.

e) Angst vor der Bewertung der Gefühle

Angst vor Gefühlen entsteht auch durch ihre moralische Bewertung. Wir erleben dies durch gesellschaftlich übliche Wertvorstellungen und vor allem durch moralische Instanzen wie z. B. die Kirchen. Im alten Beichtspiegel, den viele Christen als Kinder gelernt haben, hieß es, es sei eine Sünde, zornig zu sein. Der Zorn zählte zu den sieben Hauptsünden. Als Kind mit neun Jahren hat man gelernt und geglaubt, dass einen der „liebe Gott" nicht mag, wenn man zornig ist. Nicht nur der „liebe Gott", sondern auch die Eltern haben vielleicht gesagt: „Ein zorniges Kind ist ein böses Kind". Das macht die Angst vor solchen Gefühlen verständlich.

Es gibt noch andere Gefühle, die in früheren Zeiten als Sünde galten, z. B. erotische und sexuelle Gefühle. Der gläubige Mensch war überzeugt, dass er mit solchen Gefühlen vor Gott ein Sünder sei, dass er nicht mehr liebenswert sei, dass er kein anständiger Mensch sei. Da war es selbstverständlich, dass solche Gefühle verdrängt und bekämpft werden mussten. Aber Gefühle lassen sich nicht einfach verbieten oder herumkommandieren. Wer sie verdrängt, akzeptiert sich selbst nicht mit diesen Gefühlen. Wer seine Gefühle für sündhaft und minderwertig hält, ist in Gefahr, sich selbst für minderwertig zu halten, und er lernt nicht, hellhörig und aufmerksam, angstfrei und vorbehaltlos auf seine Gefühle hinzuhorchen und hinzuspüren, um ihre Botschaften zu verstehen und ihre Energie sinnvoll zu nutzen. Wo eigene Gefühle bewertet, verteufelt oder gefürchtet werden, entstehen gewöhnlich auch Minderwertigkeitsgefühle. (Ausführlicher dazu in: Manfred Hanglberger, „Ich bin zornig und das ist gut so!", S. 12 f.)

4. Die drei Quellen unserer Gefühlsenergien

Minderwertigkeitsgefühle können, wie jedes andere Gefühl auch, unser Handeln sehr einseitig steuern, wenn sie in der Seele mächtig genug werden, um die Kräfte der Vernunft und des Willens auszuschalten. Ob es sich um Minderwertigkeitsgefühle, Trotz, bodenlose Trauer, grenzenlose Eifersucht, erdrückende Schuldgefühle handelt: Immer wenn ein Gefühl in belastender Weise zum Alleinherrscher in unserer Seele wird und auch unsere mitmenschlichen Beziehungen langfristig belastet, liegt die Möglichkeit, ein solches Gefühl zu verstehen und seine Macht zu brechen, im Verständnis der drei wichtigsten Quellen, aus denen ein Gefühl genährt wird:

- aus einem aktuellen Ereignis (Gegenwart)
- aus der eigenen Lebensgeschichte (Vergangenheit)
- aus der Übernahme eines verdrängten Gefühls von Eltern oder anderen Vorfahren

a) Das ereignisbezogene Minderwertigkeitsgefühl

Gefühle, ob es sich um angenehme oder unangenehme handelt, sind für jeden Menschen dann am leichtesten verstehbar, wenn wir die Ursache des Gefühls unmittelbar und klar erkennen. Wenn z. B. ein Fußballspieler völlig frei vor dem gegnerischen Tor steht und danebenschießt, dann sind Ärger, Enttäuschung und auch Minderwertigkeitsgefühle eine verständliche Reaktion. Wenn der Zusammenhang zwischen Ereignis und Gefühlsreaktion unmittelbar erkennbar und erlebbar ist, wenn ich genau weiß, woher das Gefühl kommt, dann kann ich mich mit meiner Wirklichkeit auseinandersetzen, dann kann ich handeln, dann kann ich planen, dann kann ich eine Strategie überlegen und mich mit anderen Leuten beraten bzw. Hilfe holen und Entscheidungen treffen. Minderwertigkeitsgefühle also, deren Ursache ich klar definieren kann, dauern deswegen gewöhnlich nur kurz und sind schnell überwindbar.

Es gibt aber auch „Pechvögel", denen ständig Missgeschicke passieren. Solche Menschen bekommen langfristig ein Minderwertigkeitsgefühl. Aus familientherapeutischer Sicht gehe ich davon aus, dass solche Pechvögel eine unbewusste Solidarität mit jemandem haben, der im Familiensystem abgewertet ist. Das „Pech" ist also nicht zufällig. Es kann eine unbewusste Solidarität im Spiel sein, wenn einer sich immer wieder selbst ein Bein stellt. Dieses Minderwertigkeitsgefühl wird durch bewusste Ereignisse ausgelöst, also durch viele Missgeschicke, die aber eine tiefere Ursache haben. Wenn diese nicht erkannt und aufgelöst wird, kommt man aus einer solchen Pechvogelrolle nur schwer heraus.

b) Aus Kindheitserfahrungen verstärktes Minderwertigkeitsgefühl

Eine zweite Quelle der Gefühle wurde vor rund 100 Jahren durch die Psychoanalyse aufgedeckt und erforscht. Es handelt sich um die Gefühlswelt aus unserer persönlichen Vergangenheit, vor allem aus der Zeit unserer Kindheit.

Die kindliche Seele hat eine besondere Struktur:

- Die kindliche Seele ist in jeder Hinsicht – körperlich, geistig, seelisch – auf „Nahrungserhalt", auf Empfang eingestellt und hat deshalb eine besondere Offenheit.
- Das Kind kommt mit einem Vorschuss an Vertrauen in die Welt; es glaubt, dass jeder es gut mit ihm meint. Auch dies schafft eine große Offenheit in der kindlichen Seele.
- Das Kind ist wegen seiner seelischen Offenheit viel verletzbarer als ein Erwachsener.
- Das Kind empfindet alles extrem subjektiv; es glaubt, alle Ereignisse in seiner Umgebung hätten mit seinem Dasein und seinem Verhalten zu tun. So fühlt es sich verantwortlich für alles, was es Schmerzhaftes in der Familie erlebt.

Wenn z. B. Eltern sich scheiden lassen, glauben Kinder oft, daran schuld zu sein.

Solche unrealistischen Schuldgefühle, für die ein Kind keine Erinnerung an ein bestimmtes Fehlverhalten besitzt, werden oft auf das Ganze des eigenen Wesens oder auf die Tatsache des eigenen Daseins bezogen. Erscheint das eigene Dasein als Ursache für schmerzhafte familiäre Probleme, kann ein Kind den Eindruck bekommen, es wäre besser, nicht zu leben. Dies kann umfassende und extreme Minderwertigkeitsgefühle auslösen.

Probleme entstehen, wenn starke Gefühle, die durch entsprechend bedeutungsvolle Ereignisse ausgelöst wurden, unterdrückt und verdrängt worden sind. Verdrängte Gefühle sind nicht einfach weg, sondern liegen „auf der Lauer" und warten auf ein aktuelles Ereignis mit ähnlichem Gefühlsgehalt, damit sich in der seelischen Verdrängungsdecke ein Kanal öffnet, durch den sie hochsteigen und sich im Bewusstsein und im aktuellen Gefühlshaushalt seines Besitzers breit machen können. Die alten verdrängten Gefühle, die mit hochsteigen, verstärken das aktuelle Gefühl in einer Weise, dass der Eindruck entsteht, hier überreagiere einer mit seinen Gefühlen auf ein relativ unbedeutendes Problem: ein kleines Missgeschick – und man bekommt tiefe Minderwertigkeitsgefühle; ein heftiger Tadel des Vaters und der zwölfjährige Sohn nimmt sich das Leben. Immer wenn die Bedeutung des Ereignisses mit der Wucht der Gefühle nicht in Einklang zu bringen ist, kann diese zweite Gefühlsquelle die Ursache dafür sein. Wenn wir unsere Mitmenschen nicht nur in ihrem augenblicklichen Dasein wahrnehmen würden, sondern ihre gesamte Lebensgeschichte mit den dazugehörigen Gefühlsenergien sehen könnten, würden wir ihre gegenwärtigen Verhaltensweisen und Reaktionen besser verstehen. Aber nicht nur als Außenstehende haben wir Probleme mit der Wahrnehmung des Ganzen eines anderen Lebens, jeder von uns hat die Schwierigkeit, dass er das Ganze des eigenen

Lebens nicht bewusst in der Erinnerung zur Verfügung hat. Deshalb verstehen wir oft die Intensität unserer eigenen Gefühle nicht, weil das, was wir in einer früheren Lebensphase verdrängt haben, uns ja nicht bewusst ist, und es kann gerade deshalb so mächtig und unkontrolliert in eine Situation der Gegenwart herein wirken, weil es sich gegen unseren Verdrängungsmechanismus durchsetzen muss.

In der folgenden Übersicht sind mögliche Gründe zusammengestellt, warum Kinder Minderwertigkeitsgefühle entwickeln, die sich langfristig in ihrer Seele festsetzen können:

Ein Kind kann Minderwertigkeitsgefühle entwickeln ...

1. **... wenn es von einem Elternteil zu wenig Zuwendung bekommt:**
   - wenn es von den Eltern (oder von einem Elternteil) nicht geliebt, nicht angeschaut, nicht angelächelt, nicht angesprochen wird
   - wenn es von den Eltern als Säugling an Großeltern, an Pflegeeltern oder Adoptiveltern weggegeben wird
   - wenn es von den Eltern ständig zurechtgewiesen wird, kein Lob und keine Anerkennung erfährt

2. **... wenn es von einem Elternteil körperlich oder seelisch verletzt wird:**
   - wenn es von einem Elternteil sinnlos geschlagen wird *(wenn einer seine Aggressionen am Kind abreagiert)*
   - wenn ein Elternteil das Kind abwertet und verachtet (*„aus dir wird nichts"*, *„jetzt wirst du schon wie dein Vater"*)
   - wenn ein Elternteil für die eigenen Probleme einem Kind die Schuld gibt (*„Du bist schuld, dass es mir so schlecht geht"*, *„dass ich nicht studieren konnte"*)

- wenn die Mutter das Kind nicht wollte, Abtreibungsversuche machte
- wenn ein Kind sexuell missbraucht wird

3. ... wegen Partnerproblemen der Eltern – das Kind glaubt, dafür verantwortlich zu sein:

- wenn die Eltern sich ständig streiten
- wenn die Eltern nur wegen dem Kind geheiratet haben oder nur wegen dem Kind zusammenbleiben
- wenn die Eltern sich trennen oder sich scheiden lassen
- wenn ein Elternteil sich nicht um das Kind kümmert
- wenn ein Kind in die Konflikte der Eltern mit hineingezogen wird, Schiedsrichter spielen soll, im Kampf der Eltern von einer Seite um Unterstützung gebeten wird

4. ... wegen schicksalhafter Belastungen:

- wenn ein Elternteil stirbt (oder eine andere Bezugsperson – z. B. der Opa, die Oma)
- wenn ein Elternteil lange abwesend ist (im Krieg, Arbeit im Ausland, ...)
- wenn ein Elternteil lange krank ist und sich um Kinder nicht kümmern kann
- wenn ein anderes Kind ständig krank oder behindert ist und deshalb die Eltern wenig Zeit für das gesunde Kind haben
- wenn ein anderes Kind gestorben ist und die Mutter das tote Kind nicht loslassen kann *(das nächste Kind kann sich als Last für die Mutter empfinden oder merkt, dass es nicht wahrgenommen wird, überflüssig erscheint)*
- wenn ein anderes Kind stirbt und dadurch ein Vorteil (z. B. Erbschaft) für das Lebende entsteht

5. **… wenn Kinder Minderwertigkeitsgefühle der Eltern übernehmen:**
   - wenn ein Elternteil Schuld auf sich geladen hat und die Schuld verdrängt *(nicht darüber redet; nicht versucht, angerichteten Schaden wieder gutzumachen)* – wenn z. B. der Vater im Krieg oder im Beruf oder in einer früheren Beziehung Schlimmes angestellt hat – wenn die Mutter ein Kind abgetrieben hat
   - wenn die Mutter ein Kind verloren hat (besonders belastend beim ersten Kind)
   - wenn ein Elternteil aus der eigenen Kindheit Minderwertigkeitsgefühle entwickelt hat

6. **… wegen einer „Erlöser-Rolle“ für die Eltern vergisst das Kind, sich selbst wahrzunehmen und kennen zu lernen:**
   - wegen übergroßem Mitgefühl und Hilfestellung für ein leidendes Elternteil

   (Ausführlicher dazu in: Hanglberger, Die Geburt des ICH, S. 92 ff.)

Einige der in dieser Übersicht angeführten Beispiele seien im Folgenden näher kommentiert.

<u>Punkt 2, zweites Beispiel:</u>
„Wenn ein Elternteil das Kind abwertet und verachtet.“

Den Satz, „jetzt wirst du schon wie dein Vater“, sagte eine geschiedene Mutter zu ihrer Tochter. Kinder glauben solche Sätze. In diesem Beispiel besteht die Gefahr, dass die Tochter in unbewusster Liebe zum Vater dessen negativste Eigenschaften übernimmt. Die Umgebung interpretiert dies als Vererbung.

Ähnlich wirkt der Satz: „Aus dir wird nichts“. Unbewusst glauben Kinder diesen Satz und stellen sich später im

Leben immer wieder selbst ein Bein. Für die Umgebung erscheinen sie als die geborenen „Pechvögel". Mancher Sohn, der diesen Satz vom Vater hörte, machte sich beruflich selbstständig und versuchte mit größtem Ehrgeiz, dem Vater das Gegenteil zu beweisen. Wenn er im eigenen Erfolg den Vater zu verachten beginnt, ist die Gefahr des beruflichen Absturzes sehr hoch. Denn die unbewusste Liebe zum Vater, die an die Aussage des Vaters glaubt, wirkt dann umso mächtiger. Es wäre volkswirtschaftlich interessant, Untersuchungen anzustellen, ob nicht ein erheblicher Teil der betrieblichen Insolvenzen durch diesen psychodynamischen Hintergrund verursacht ist. Jedenfalls kenne ich persönlich mehrere solcher Fälle.

<u>Punkt 2, fünftes Beispiel:</u>
„Wenn ein Kind sexuell missbraucht wird."

Das hier entstehende Minderwertigkeitsgefühl hängt vor allem damit zusammen, dass der körperliche Aspekt der menschlichen Würde missachtet wird. Das Kind hat noch wenig Schutzmechanismen, es ist ein sehr offenes Wesen, ganz auf Empfang eingestellt. Da es sich deshalb selbst noch nicht zu schützen vermag, ist es sehr auf den Schutz durch die Eltern angewiesen. Wenn nun ein Elternteil diesen Schutz nicht gewährt, sondern von sich aus zerstört, ist eine tief greifende Verunsicherung und seelische Verletzung die Folge. Von dort her, wo das Kind Schutz und Achtung für sich bräuchte, kommt ein Besitz ergreifendes und den Körper missbrauchendes Verhalten. Für das Kind wird es extrem schwierig, Grenzen zwischen sich und seiner Umwelt wahrzunehmen und so eine seelische Haut zu entwickeln. Durch diese Erfahrung kann sich in der Seele des Kindes für das weitere Leben ein Muster bilden, das besagt: „Sich anvertrauen bedeutet, sich einer Gefahr ausliefern", „sich öffnen bedeutet, verletzt werden", „sich bedürftig zeigen heißt, missbraucht werden". Dieses Muster der kindlichen Erfahrung kann auch das Verhalten des Erwachsenen und die Sicht von menschlichen Beziehungen für das spätere Leben entscheidend prägen.

Punkt 3, drittes Beispiel:
„Wenn die Eltern sich trennen oder sich scheiden lassen."

Ein Vater hatte sich von seiner Frau getrennt, die Kinder blieben bei ihm. Das kleinere, ein fünfjähriger Sohn, weinte nach dem Weggang der Mutter tagelang. Der Vater war ratlos. Er rief mich an und ich sagte ihm: „Ich vermute, das Kind hat Schuldgefühle. Sagen Sie ihm, dass es nicht schuld daran ist, dass die Mutter gegangen ist." Das hat der Vater auch getan. Er sprach mit seinem Sohn und sagte ihm: „Du bist nicht schuld daran, dass die Mutter gegangen ist, es ist ein Problem zwischen mir und der Mutter. Aber du darfst beide lieben und wir mögen dich beide." Daraufhin hat der Sohn aufgehört zu weinen. Kinder fühlen sich so sehr verantwortlich und glauben, dass sie an allem schuld sind, was sich ereignet. Verantwortungsvolles Elternverhalten bedeutet, Kinder in solchen Situationen von ihrer Überverantwortung zu befreien und ihnen bewusst zu machen, dass sie gegenüber diesen Problemen klein, ohnmächtig und ausgeliefert sind, dass solche Ereignisse nicht von ihrem Handeln oder von ihrem Dasein verursacht sind, sondern dass es noch eine größere, von ihnen unabhängig wirkende Welt gibt, die zum Teil von den Erwachsenen zu verantworten ist, zum Teil von übergeordneten Autoritäten und der Gesellschaft, zum Teil von anonymen Naturgesetzen.

Punkt 4, erstes Beispiel:
„Wenn die Bezugsperson stirbt."

Kinder leben extrem subjektiv, sie sehen sich so sehr im Mittelpunkt ihrer Welt und aller Geschehnisse um sie her, dass sie überzeugt sind, dass auch alles Schlimme und Schmerzhafte, ob es sich um die Scheidung der Eltern handelt oder um den Tod eines Elternteils, von ihnen selbst verursacht sei. Deshalb halten sie sich für diese Ereignisse für schuldig. Da sie aber weder erkennen können, was sie tatsächlich hätten anders machen sollen oder wie sie es wieder gutmachen könnten, können solche Vorkommnisse nicht nur Schuldgefühle, sondern auch Minderwertigkeitsgefühle verursachen.

Besonders wenig bekannt ist in diesem Zusammenhang die Psychodynamik bei „Sandwichkindern“. Das sind die mittleren von drei Kindern, die sich häufig Opa oder Oma als Bezugspersonen suchen, weil meistens Vater und Mutter durch das erste und dritte Kind in Beschlag genommen sind. Wenn dann ein Großelternteil stirbt, verliert das Sandwichkind die wichtige Bezugsperson. Die übrige Familie versteht gar nicht, wie sehr das Sandwichkind durch diesen Todesfall belastet wird. Für das Kind ist das ähnlich, als wäre die Mutter oder der Vater gestorben. Und weil es dann in seinem Schmerz allein gelassen wird und überfordert ist, kann auch dadurch ein Minderwertigkeitsgefühl entstehen.

Manche dieser Sandwichkinder kommen ein Leben lang nicht mehr aus der Trauer heraus. Wenn der Zugang zu den primären Bezugspersonen, zu den Eltern, durch andere Geschwister behindert ist und die Ersatzbezugsperson, z. B. die Oma, stirbt, erlebt sich das Kind aufs Neue „verlassen“. Das Vertrauen ins Leben und die eigene Werthaftigkeit können durch solche Verluste schwer beeinträchtigt werden. In der seelischen Logik eines Kindes wird ein solcher Verlust mit der Vorstellung interpretiert: „Sie sieht mich nicht mehr an, sie interessiert sich nicht mehr für mich, sie hat mich verlassen, ich bin ihr nicht wichtig.“ Das Wahrgenommen-Werden durch die Bezugsperson bedeutet für ein Kind: Mein Dasein wird zur Kenntnis genommen, wird beachtet und geachtet. Nicht nur meine Existenz, auch meine Gedanken und Wünsche, meine Eigenheiten und Bedürfnisse werden registriert und bekommen einen Raum in der Wertschätzung eines Menschen und damit auch einen Lebensraum in der Welt. Mit Wohlwollen wahrgenommen werden, vermittelt das

Gespür, eine grundsätzliche Lebensberechtigung zu haben. Angesehen werden, schafft ein Gefühl von „Ansehen".

<u>Punkt 4, zweites Beispiel:</u>
„Bei langer Abwesenheit eines Elternteils."

In Kriegszeiten oder bei einem Arbeitsaufenthalt des Vaters im Ausland oder wegen einer Wochenend-Ehe der Eltern haben Kinder unter der Abwesenheit eines Elternteils zu leiden.

Immer, wenn ein Elternteil längere Zeit für ein Kind nicht erreichbar ist, hat dieses den Eindruck, es seit nicht bedeutungsvoll und liebenswert genug, um von beiden Elternteilen wahrgenommen zu werden. Was früher nicht so bekannt und bewusst war, aber heute zu den grundlegenden Erkenntnissen der Familientherapie zählt, ist die Tatsache, dass ein Kind einen seelischen Hunger nach beiden Elternteilen hat und die Vernachlässigung, ja schon das bloße Nicht-wahrgenommen-Werden seitens eines Elternteils im Kind problematische seelische Reaktionen auslösen kann, wie z. B. Enttäuschung, Traurigkeit, Schuldgefühle und Minderwertigkeitsgefühle.

In einer Familie, in der der Vater einige Monate wegen einer neuen Arbeit von der Familie abwesend war, sah die Mutter, wie ihr zehnjähriger Sohn darunter litt. Da war es wichtig, auch den Sohn regelmäßig ans Telefon zu holen, damit auch er ausführlich mit dem Vater reden konnte. Es ist für den Sohn sehr wichtig zu erkennen, dass sich der Vater für ihn interessiert, auch wenn er einige hundert Kilometer entfernt ist. So erlebt der Sohn: Ich gehöre seelisch zu ihm dazu, meine Erfolge oder Sorgen bewegen ihn, sie haben in seinem Denken und Fühlen einen guten Platz. Im Herzen der Bezugsperson einen guten Platz haben, heißt für ein Kind: „Zur Welt dazugehören dürfen."

c) *Kinder können Minderwertigkeitsgefühle von Vorfahren übernehmen*

Die dritte Quelle der Gefühle wurde durch die systemische Psychologie, die die Grundlage der Familientherapie bildet, aufgedeckt. Während die Psychoanalyse das Ganze der Lebensgeschichte eines Menschen ernst nimmt und wahrzunehmen und zu verstehen sucht, um die emotionalen Zustände der Gegenwart zu entschlüsseln, betrachtet die systemische Psychologie die Seele des Menschen sowohl als Individuum wie auch als Teil eines Familien- und Verwandtschaftssystems, für das dieses Individuum eine besondere Rolle und Aufgabe übernommen hat.

Eine solche Funktion zu übernehmen ist ein Kind deshalb in der Lage, weil es bereits als Embryo und Säugling einen unmittelbaren seelischen Zugang zur Gefühlswelt der Eltern besitzt. In deren emotionaler Struktur spiegelt sich sowohl der gesamte Lebensprozess wider, wie auch deren Rolle und deren Belastungen und Verletzungen in ihrer eigenen Herkunftsfamilie. Besonders stark spüren die Kinder jene Gefühle der Eltern, die diese selbst verdrängen, ja schon seit ihrer Kindheit unterdrückt haben. Da das Kind vor seiner eigenen Individuation, also vor der Entwicklung seines eigenen Selbstbewusstseins, sich vor den Gefühlsenergien der Eltern nicht schützen und sich ihnen gegenüber nicht unterscheiden kann, nimmt es Gefühlsenergien der Eltern ohne Filterung in sich auf und kann davon „besetzt“ werden. Je heftiger Eltern wichtige Gefühle, ob aktueller Art oder aus ihrer persönlichen Vergangenheit, unterdrücken, desto mächtiger werden diese sich in der Seele ihres Kindes ausbreiten und dort dessen eigene Ich-Entwicklung blockieren. Denn die Seele des Kindes ist der „Zufluchtsort“ für die seelischen Verdrängungen der Eltern.

Aber nicht nur verdrängte Gefühle der Eltern können von einem Kind übernommen werden, manche Kinder solidarisieren sich unbewusst mit dem Minderwertigkeitsgefühl eines Verwandten, der von den eigenen Eltern verachtet oder ausgegrenzt wird. Wird von den Eltern ein eigener Seelenteil, ein wichtiges Gefühl, verdrängt, kann dies von einem Kind übernommen werden; wird von den Eltern eine Person durch Abwertung und Verteufelung „verdrängt“, kann die seelische Hauptenergie dieser Person insgesamt von einem Kind übernommen werden und es fühlt sich unbewusst von dessen Gefühlen besetzt bzw. mit dessen Schicksal solidarisch, manchmal ohne diese Person je gesehen zu haben. Besonders Sandwichkinder sind oft mit einem ausgegrenzten nahen Verwandten der Eltern unbewusst identifiziert. Aber auch ein Vaterkind kann sich unbewusst mit dem Opa väterlicherseits solidarisieren, wenn der Vater seinen eigenen Vater verachtet.

Die fremden Gefühle, deren Ursprung wir nicht kennen, aber deren Kraft wir in uns spüren, empfinden wir dämonisch. Sie verursachen unberechenbare, „unbeherrschte“ Verhaltensweisen, mit denen man sich später nur schwer identifizieren kann.

Wenn ein Elternteil Schuld auf sich geladen hat und die Schuld verdrängt, nicht darüber redet und nicht versucht, den angerichteten Schaden wieder gutzumachen, dann kann ein Kind in der Familie von diesem Schuldgefühl besetzt sein. Ein solches niederdrückendes Gefühl, dessen Ursache für das Kind nicht erkennbar ist, kann Minderwertigkeitsgefühle auslösen. In manchen Familien war die Ursache für diese Probleme der Vater, der im Krieg Schuld auf sich geladen hatte. In einem anderen Fall war der Vater in seiner früheren Beziehung sehr verletzend: Seine Freundin war von ihm schwanger geworden und er hatte sie zur Abtreibung gedrängt. Sie wollte nicht, hat sich aber dann gefügt. Anschließend hat der Mann sie dann doch verlassen. Er verdrängte die Schuld. Als er später heiratete und Kinder bekam, übernahm ein Kind sein Schuldgefühl. Auch wenn eine Mutter ein Kind abgetrieben hat und diese Schuld nicht bearbeitet, kann es sein, dass später ein anderes Kind das

Schuldgefühl der Mutter übernimmt. Manche Personen sind jähzornig, weil die Mutter ihren Zorn immer ängstlich verdrängt und meint, sie müsse sich in der Ehe um des lieben Friedens Willen immer unterordnen. Aber das Kind weiß nicht, woher dieser Zorn kommt. Solche Gefühle, die wir übernehmen und nicht wissen, woher sie kommen, verunsichern und schaffen deswegen Minderwertigkeitsgefühle.

Ein weiteres Beispiel: Ein Mann hat seinen Vater im Krieg verloren, als er noch ein Säugling war. Er hatte also keine Erinnerung an seinen Vater. Die Mutter hat den Sohn alleine großgezogen; er war ein Einzelkind. Er litt als Kind besonders, wenn er sah, wie viele seiner Schulkameraden mit ihren Vätern reden konnten und von ihnen erzählten. Dieser Mann wollte unbedingt später, als er geheiratet hatte, einen Sohn. Das erste Kind in seiner Ehe war eine Tochter, woraufhin sich der Vater betrank. Als auch das zweite Kind wieder eine Tochter war, sagte er, ein drittes Kind wolle er nicht, denn sollte das wieder eine Tochter werden, würde er sich umbringen.

So verrückt solche Aussagen auch klingen mögen, sie sind ein Ausdruck für den schlimmen seelischen Schmerz, den dieser Mann seit seiner Kindheit in seiner Seele trägt, weil er als Kind seinen Vater vermisste. Die größte Sehnsucht in ihm war offensichtlich, als erwachsener Mann diesen immer noch vorhandenen Schmerz in seiner Seele durch die Liebe und Zuneigung, die er einem leiblichen Sohn schenken wollte, zu stillen. Es handelt sich hier um ein typisches Projektionsmuster: Ein Elternteil will an einem Kind, das zum Ersatz für das eigene innere Kindsein wird, ein Problem lösen, das in der eigenen frühen Lebensgeschichte vorhanden war. Und dies wird mit größter Liebe, Hingabe und Opferbereitschaft betrieben, ohne zu merken, dass das Kind, dem nun diese Liebe zufließt, unter dieser Verwechslung leidet.

Was im obigen Beispiel dann geschehen ist, verdeutlicht das Ganze. Als die beiden Töchter heirateten, haben sie

Söhne geboren. Die Freude des Großvaters war grenzenlos. Die beiden Enkel konnten nur durch Kaiserschnitt zur Welt gebracht werden und wären trotzdem nach kurzer Zeit bereits gestorben, wenn sie durch die moderne Medizin nicht gerettet worden wären.

Meine These: Die Kinder spürten die gewaltige projektive Energie von Seiten ihres Opas. Dieser Großvater wollte jetzt endlich einen Enkel, damit er seinen seelischen Schmerz aus der Kindheit besänftigen und den seelischen Frieden finden könne. Die Kinder spürten: Da werde ich nicht als neues Wesen wahrgenommen, du sollst eigentlich ein anderer sein, du sollst dessen inneres Kind verkörpern. Ich vermute, unter solchen Umständen wollen sich Kinder manchmal wieder aus dem Leben zurückziehen.

Im Verhalten solcher Vorfahren ist sehr viel Liebe enthalten, aber gleichzeitig eine Verwechslung zwischen der eigenen Kindheit mit dem leibhaftigen Kind, das jetzt geboren wurde. Aus dieser Verwechslung entstehen auch „Lieblingskinder". Lieblingskinder sind nicht in erster Linie dafür da, sich selbst und ihren eigenen Platz in der Welt zu entdecken, sondern sie sollen seelischer Balsam sein für die innere Seelenwunde von Vater oder Mutter oder auch von Großvater oder Großmutter. Nicht jedes Kind ergreift die Flucht vor der Projektion seiner Eltern oder Großeltern, sondern manche nehmen die ihnen zugewiesene Rolle mit Kreativität an, opfern dabei aber etwas von ihrem Wesen.

Das Minderwertigkeitsgefühl von Lieblingskindern hat zwei mögliche Ursachen:

1. Sie verbergen, wenn sie ihre Rolle gut spielen, ihre Trotzphase und alles, was durch das Neue und das Originale ihres Wesens die Eltern verunsichern oder ängstigen könnte. Sie haben ja ein sehr sensibles Gespür für alte Wunden und Belastungen in den Seelen ihrer Vorfahren und meinen, diese nicht noch zusätzlich belasten zu dürfen, sondern sie schonen, beruhigen, trösten und stärken zu müssen.

Aber dieses liebevolle und selbstlose Verhaltensmuster enthält unbewusst das Wissen, dass man etwas vom eigenen Wesen verbergen muss, dass man nicht so sein darf wie man wirklich ist, um diese Rolle spielen zu können. Aber dieses Nicht-Bejahen und Nicht-Zeigen des Ganzen des eigenen Wesens schafft Minderwertigkeitsgefühle.

2. So sehr Eltern oder Großeltern in projektiver, scheinbar selbstloser Liebe für ihre Kinder und Enkelkinder da sind, sie werden ihre Probleme dadurch nicht wirklich lösen können. Denn diese erfordern eine ganz persönliche, nachträgliche Trauerarbeit, in der der Schmerz aus der eigenen Kindheit bewusst wahrgenommen und in einer unmittelbaren Beziehung zu dem verstorbenen Menschen angenommen wird. Ohne diese Trauerarbeit besteht die Gefahr, dass die Zuwendung zum Lieblingskind immer größer wird und Besitz ergreifende, ja manipulierende Formen annehmen kann. Lieblingskinder spüren, dass die Liebe, die einem zufließt, eine Erwartungshaltung und eine Wehmut enthält, der sie nicht wirklich gerecht werden können. Ihr Bemühen, durch „lieb sein" den Erwartungen zu entsprechen, kommt nicht ans Ziel. Es entsteht nach einiger Zeit ein Gefühl von Vergeblichkeit, das Minderwertigkeitsgefühle auslösen kann. Bei solchen Minderwertigkeitsgefühlen aber kann man mit einem „gesunden Menschenverstand" nicht leicht erkennen, wodurch es entsteht – weil man als Lieblingskind sich doch so geliebt erlebte, eine so glückliche, ja verwöhnte Kindheit erfahren durfte.

Ein weiteres Beispiel: Eine 45-jährige Frau wurde von ihrem Mann verlassen. Daraufhin überfielen sie heftige Angstzustände, Verzweiflung und bedrückende Minderwertigkeitsgefühle. Sie ging zu einer psychoanalytisch ausgebildeten Therapeutin, um sich Hilfe zu holen. Diese konnte innerhalb eines halben Jahres keine Besserung der seelischen Probleme mit ihr erarbeiten, denn in der Lebensgeschichte der Klientin fanden sich keine Anhaltspunkte, warum der aktuelle Schicksalsschlag sie so extrem und so anhaltend lähmte. Sie war die einzige Tochter ihrer Eltern und fühlte sich in der Kindheit angenommen und geliebt wie ein Lieblingskind. Vater und Mutter waren für sie gut erreichbar gewesen und beide hatten ihr viel Zeit, Aufmerksamkeit und Zuwendung geschenkt.

Als sie zu einer familientherapeutischen Beratung wechselte, stellte sich heraus, dass ihr Vater ein uneheliches Kind seiner Mutter war und seinen leiblichen Vater nie kennen lernte; denn die Mutter heiratete später einen anderen Mann und verschwieg dem Sohn den leiblichen Vater. Der Verlustschmerz eines solches Kindes bleibt unbewusst und kann von einem späteren Kind dieser Person übernommen werden und dann einen Verlustschmerz in dessen Lebensgeschichte unerträglich steigern, ihm eine Stabilität verleihen, die rätselhaft erscheint, wenn man diese Hintergründe nicht kennt und ernst nimmt. In der psychoanalytischen Therapie war keine einzige Frage gestellt worden nach dem Schicksal der Eltern dieser Klientin.

5. *Schicksalhaft und gesellschaftlich verursachte Minderwertigkeitsgefühle*

Personen, die sich aus Interesse am Lebensschicksal von Behinderten für einige Tage in einen Rollstuhl setzten und sich von einem Freund durch Straßen und Geschäfte schieben ließen, machten alle die ähnliche Erfahrung, dass sie sich von einem erheblichen Teil der Mitmenschen von oben herab, manchmal wie unmündige Kinder behandelt erlebten. Oft sind es unscheinbare Gesten und nur der Tonfall in der Sprache, durch die in subtiler Weise demütigendes Verhalten der Gesunden gegenüber den Kranken spürbar wird.

Wenn wir uns in unserer persönlichen Lebenssituation deutlich benachteiligt erleben gegenüber dem, was Menschen in unserer Umgebung an Möglichkeiten zur Verfügung haben, können wir das als Ungerechtigkeit und als Diskriminierung empfinden. Manche chronisch oder seelisch kranke oder behinderte Menschen entwickeln deshalb Minderwertigkeitsgefühle. Dies ist vor allem dann der Fall, wenn körperliche Belastungen die Möglichkeiten der Beziehungspflege weniger beeinträchtigen als das Abgrenzungsverhalten der Mitmenschen. Die Abkehr und Interesselosigkeit der Gesunden kann für den kranken Menschen dann schmerzlich spürbar werden und Minderwertigkeitsgefühle auslösen. Diese hängen vor allem davon ab, wie die nahe liegende Umwelt und die Gesellschaft mit behinderten Menschen umgeht, ob ihren körperlichen oder geistigen Grenzen angemessene Möglichkeiten des mitmenschlichen Kontaktes, sinnvolle Tätigkeiten und kreative Entfaltungsmöglichkeiten offen stehen oder verschlossen sind. In diesen Bereichen sind sowohl mitmenschliche Anteilnahme und Zuwendung gefragt wie auch gesellschaftspolitische Solidarisierung und Lobby-Bildung der Betroffenen und deren Angehörigen.

Auch die Opfer von Naturkatastrophen, z. B. bei Erdbeben, Überschwemmungen, Vulkanausbrüchen und ähnlichem können in ihren Ohnmachtserfahrungen, in ihrem Ausgeliefertsein an Naturgewalten Minderwertigkeitsgefühle bekommen; dies umso mehr, wenn ihnen fundamentale Lebensgrundlagen wie Wohnung, Lebenskomfort oder sogar Familienangehörige und die eigene Gesundheit geraubt werden. Besonders können sich Verzweiflung, Hilflosigkeit und Minderwertigkeitsgefühle ausbreiten, wenn ihnen keine Anteilnahme und keine angemessene solidarische Hilfe von Seiten der übrigen Gesellschaft zuteil werden.

Umgekehrt ist es erstaunlich, was Menschen an schicksalhaften Belastungen, an Leid und Not auszuhalten in der Lage sind, wenn die Solidarität unter den Mitbetroffenen erhalten bleibt und von außen Hilfsbereitschaft und Anteilnahme spürbar sind.

Genau solche Anteilnahme hat den Völkern Afrikas gefehlt, die jahrhundertelang unter Sklavenjägern, unter unmenschlichen Sklaventransporten, unter entwürdigender Behandlung auf Sklavenmärkten und anschließend unter einem lebenslangen Sklavenschicksal zu leiden hatten. Auf einer Studienreise in ostafrikanische Länder erzählten mir Menschen von ihren persönlichen Minderwertigkeitsgefühlen, die sie in der Verbundenheit mit der Geschichte und dem Schicksal ihres Volkes aufgrund dieser demütigenden Vergangenheit heute noch spüren.

Nicht nur in den armen Ländern der Erde gibt es das wirtschaftlich bedingte Problem von Minderwertigkeitsgefühlen, sondern überall wo Menschen mit ihrer Arbeitskraft funktionalisiert werden, wo sie an Arbeitsplätzen tätig sind, an denen ihre Kreativität, ihre Gefühle und Ideen nicht gefragt sind, sondern wo sie sich der vorgegebenen Ordnung einer Maschine anpassen und unterwerfen müssen. In einem Industriepraktikum habe ich in vielen Gesprächen mit Arbeiterinnen und Arbeitern deren Erfahrungen und Gefühle diesbezüglich kennen gelernt. Wer acht Stunden am Tag seine Gefühle und Gedanken zurückdrängen muss, um am Akkordarbeitsplatz eine möglichst hohe Geschwindigkeit zu erzielen, kann nicht in seiner Freizeit plötzlich kreativ werden. Viele, die an solchen Arbeitsplätzen tätig sind, sind seelisch auf der Flucht und suchen sich in ihrer Sehnsucht nach „Leben“ nur noch möglichst vielfältige Abwechslung und Impulse für das Wachrufen ihrer Gefühle. Der Hunger nach Konsum in allen Variationen und nach einem Sich-Berieseln-Lassen durch das moderne Medienangebot kann grenzenlos werden. Die manchmal beobachtbare Verkümmerung seelischer und geistiger Lebensgestaltung solcher Menschen wird von Vorgesetzten irrtümlicherweise als Charakterfrage apostrophiert. Sie weigern sich damit zu erkennen, dass gewisse Formen der Arbeitsorganisation eine seelisch-geistige Unterdrückung der Kreativität und Originalität dieser Menschen bewirkt. So haben manche

Minderwertigkeitsgefühle mit der Funktionalisierung der Beschäftigten als bloße „Arbeitskräfte“ zu tun.

Verschlimmert wird die Situation, wenn Vorgesetzte in einem Betrieb die Untergebenen die Rangordnung der Funktionen deutlich spüren lassen. Besonders demütigend erlebten dies die Arbeiterinnen in einem großen Industriebetrieb, die von ihrem Vorgesetzten weder am Arbeitsplatz noch auf der Straße gegrüßt wurden, noch ihren eigenen Gruß erwidert bekamen. „Für den sind wir der letzte Dreck, die brauchen uns nur, aber als Menschen sehen uns die nicht“, war der Kommentar dieser Frauen.

Gewerkschaften und Betriebsräte haben in den vergangenen hundert Jahren nicht nur für die gerechtere Entlohnung und für bessere Arbeitsbedingungen viel erreicht, sondern auch für das Selbstwertgefühl und Selbstbewusstsein der arbeitenden Bevölkerung. Ich habe den Eindruck, dass Personen, die sich in Berufsverbänden und Gewerkschaften organisieren, meist ein gesünderes Selbstbewusstsein entwickeln als andere, aber auch wissen, dass dafür finanzielle und zeitliche Opfer erforderlich sind.

Minderwertigkeitsgefühle im Arbeitsbereich nehmen dort zu, wo es keine Mitbestimmungsrechte gibt, wo krasse Ungerechtigkeit am Arbeitsplatz herrscht und wo bei kleinen Konflikten mit dem Vorgesetzten sofort mit der Möglichkeit der Entlassung gedroht wird.

Extreme Minderwertigkeitsgefühle können arbeitslos gewordene Menschen befallen. Je mehr jemand sein Selbstbewusstsein mit seiner Leistungsfähigkeit im Beruf und mit der Sinnhaftigkeit seiner Arbeit identifiziert, desto schlimmer fällt er in ein seelisches Nichts, wenn ihm seine berufliche Tätigkeit genommen wird. Nicht nur die finanzielle Einbuße, nicht nur eine eventuelle Minderung des Lebensstandards kann zu einem seelischen Problem werden, sondern vor allem der Verlust einer Tätigkeit, in die man in sehr persönlicher und engagierter Weise seine Kreativität, seine

Gewissenhaftigkeit und seine Verantwortungsbereitschaft investiert hat. Je mehr man von sich selbst gegeben hat, desto schmerzhafter wird eine Entlassung, bei der man den Eindruck hat, dass von den Vorgesetzten gar nicht gesehen wurde, was man tatsächlich gegeben hat.

Gesellschaftlich verursachte Minderwertigkeitsgefühle schaffen oft zusätzliche gesellschaftliche Probleme wie Alkoholismus, rücksichtloses Verhalten im Straßenverkehr, Gewaltbereitschaft in den Familien und in der Öffentlichkeit, Intoleranz und Aggressivität gegenüber Ausländern und Minderheiten. Gesellschaftlich verursachte Minderwertigkeitsgefühle brauchen gesellschaftliches Engagement, sowohl der Entscheidungsträger von gesellschaftlich bedeutsamen Organisationen und Vereinigungen wie auch aller Bürger, die auf der Sonnenseite der gesellschaftlichen Entwicklung stehen. Die katholische Kirche nennt diese fundamentale Verantwortung „Option für die Armen". Es ist das Wissen, dass eine besondere Solidarität mit den am meisten Benachteiligten, Unterdrückten und von Schicksalsschlägen belasteten Menschen, gesellschaftlichen Gruppen und Völkern notwendig ist. Nur wenn die Gesamtgesellschaft erkennt, dass diese „Option für die Armen" grundlegend ist, um Minderwertigkeitsgefühle wie auch die negativen Auswirkungen von Minderwertigkeitsgefühlen zu verhindern, kann es gelingen, die Lebensqualität und die Kultur des Zusammenlebens für alle zu steigern.

6. Minderwertigkeitsgefühle durch „Erlöser-Rollen"

Nicht nur Enttäuschungen und Verletzungen können bei einem Kind Schuldgefühle und Minderwertigkeitsgefühle verursachen, sondern auch seelische Überforderungen; selbst dann, wenn diese vom Kind bereitwillig und mit viel Liebe auf sich genommen werden. Überforderung bedeutet hier nicht immer, dass das Kind dies auch so empfindet und darunter bewusst leidet, wenn es z. B. ständig für einen erwachsenen Menschen – Vater, Mutter, Oma oder Opa – seelisch da sein musste, weil Erwachsene nicht für sich selbst gesorgt oder sich dort, wo es nötig gewesen wäre, keine Hilfe von erwachsener Seite geholt haben. Ein Beispiel: Eine allein erziehende Mutter hatte ihre Ängste, Probleme und Sorgen an ihre Tochter herangetragen. Das Kind hat sich auch gerne für die Mutter engagiert und immer mitgeweint, wenn die Mutter weinte. Es lernte schon sehr früh, mit dem Schicksal und den Gefühlen eines erwachsenen Menschen vertraut zu sein und Mitgefühl, Anteilnahme und Mitsorge in der Erwachsenen-Welt zu entwickeln. Aber ein Kind müsste erst lernen, sich selber wahrzunehmen, sich selbst zu verstehen, sich selbst anzunehmen und den eigenen Platz in der Welt entdecken. Die liebevolle Außenorientierung im Mitgefühl mit der Mutter verhindert den Weg des Kindes nach innen, zur eigenen Seele. Die eigene Seele bleibt ein unbekanntes Land. In dieser Rolle wird es zu einem Spezialisten des Mitgefühls, kennt sich aus in den leidenden Seelen der Mitmenschen, ist also seelisch viel „außer Haus", aber wenig „daheim" bei sich selbst. Auch wenn dabei viel Energie, Liebe und Lebendigkeit geweckt und entfaltet werden, ist die einseitige Orientierung nach außen und die mangelnde Selbstwahrnehmung später ein Grund für seelische Unsicherheit und Hilflosigkeit und dadurch auch von Minderwertigkeitsgefühlen. Dieses Problem ist vor allem deshalb so wichtig zu bedenken, weil die betroffenen Personen oft nicht verstehen können, woher ihre Minderwertigkeitsgefühle kommen, weil sie doch als Kinder so wichtig, so geliebt und so intensiv verbunden waren mit einem erwachsenen Menschen, für den sie sich seelisch engagiert haben.

Aber es ist eine unbewusste Überforderung, wenn man als Kind die seelischen Entwicklungsschritte in der Entdeckung des eigenen Wesens übersprungen und schon im Kindesalter seelische Aufgaben eines Erwachsenen übernommen hat.

Das so genannte „Helfersyndrom“ ist das dafür bekannte seelische Muster. Damit sind die besonderen seelischen Probleme (Minderwertigkeitsgefühle, Ohnmachtsgefühle, Depressionen und Enttäuschungen) bei helfenden und sozialen Berufen gemeint.

Eltern, die ihre Kinder vor solchen seelischen Überforderungen bewahren wollen, müssen darauf achten, dass sie bei Schicksalsschlägen und persönlichen Problemen sich selbst Hilfe von Erwachsenen holen und damit nicht an Kinder herantreten, um von diesen seelischen Trost und Unterstützung zu erhalten. Deshalb ist es für allein erziehende Mütter und Väter besonders wichtig, sich einem Gesprächskreis für Alleinerziehende anzuschließen und sich um freundschaftliche Beziehungen auf der Erwachsenenebene zu bemühen, sonst werden sie es nicht schaffen, ihre Kinder aus ihren Problemen als Erwachsene herauszuhalten.

7. *Besondere Minderwertigkeitsgefühle*

a) *Minderwertigkeitsgefühle einer Mutter, die ein Kind verloren hat*

Wenn eine Mutter das erste Kind verliert, ist die Gefahr, dass sie Schuld- und Minderwertigkeitsgefühle bekommt, sehr groß. Das erste Kind hat eine initiatorische Wirkung für die Frau: Durch das erste Kind wird die Frau zur Mutter, wird in der Rolle, neues menschliches Leben hervorzubringen und dieses Leben zu schützen und zu nähren, sichtbar. In dieser mütterlichen Rolle wurde die Frau seit Jahrtausenden gesellschaftlich anerkannt. Auch wenn heute Frauen noch andere Quellen für ihr Selbstbewusstsein finden können, ist die Mutterrolle doch ein zentrales Fundament dafür. Wenn aber das erste Kind stirbt, kann sich die Frau als Versagerin empfinden, kann den Eindruck bekommen, sie sei unfähig, die Mutterrolle zu übernehmen, sie schaffe es nicht, für das neue Leben recht zu sorgen. Dies kann tiefe Minderwertigkeitsgefühle in ihr auslösen.

b) Minderwertigkeitsgefühle bei sexuellen Problemen

Liebe und Sexualität haben, wenn sie miteinander verbunden sind, größte Bedeutung für das Selbstwertgefühl des Menschen, vor allem, weil sie eine fundamentale seelische Offenheit fordern, die aber verletzbar macht. Je mehr sich ein Mensch öffnet, desto leichter und schlimmer ist er verletzbar, desto schlimmer kann er sich durch ein Fehlverhalten oder eine Unfähigkeit blamieren. Deshalb entstehen bei manchen Menschen, die sexuelle Probleme haben, oft bedrückende Minderwertigkeitsgefühle. Es gibt eine große Vielfalt möglicher Ursachen. Einige typische Beispiele seien hier angeführt.

Sexueller Missbrauch in der Kindheit kann das sexuelle Empfinden einer Frau blockieren, wenn Scham und das Gefühl des Ausgeliefertseins auf den Ehepartner projiziert werden.

Der Sohn eines Mannes, der sexuell sehr aggressiv und demütigend gegenüber der Frau war, kann stellvertretend für seinen Vater Schuldgefühle entwickeln und auf seine eigene Sexualität übertragen und deshalb sexuell gehemmt sein.

Ein Mann, der in der Kindheit erlebte, dass der Vater und die älteren Brüder gestorben sind und er als einziges männliches Wesen nur von Frauen umgeben war und erzogen worden ist, kann Probleme bekommen mit seiner Identitätsfindung, weil ihm ein männliches Vorbild in der Pubertät fehlte.

Ein Junge, der in eine starke Mutterstützungsrolle geraten war, weil die Mutter durch Schicksalsschläge oder Partnerprobleme sehr litt, schafft es später oft nicht, sich von der Mutter zu lösen. Unbewusst hält er später in der Ehe seiner Mutter die Treue auf Kosten seiner Beziehung zur Partnerin.

Es kann aber auch sein, dass der Mann es mit großer Mühe geschafft hat, seiner Mutter Grenzen zu setzen, aber eine Partnerschaft einging, in der eine ähnliche symbiotische Tendenz vorhanden ist wie in seiner Mutterbeziehung. Die dort erlebte Bevormundung führt bei ihm zu einer inneren Tendenz, Nähe zu vermeiden, Grenzen zu setzen und sich vor einer seelischen „Umarmung“ zu schützen, die seine Kindheitssituation wieder vergegenwärtigt.

Bei sexuellen Schwierigkeiten geht es also um die Probleme von Nähe und Distanz, von Unterschiedlichkeit und Gemeinsamkeit, von Verbundenheit und eigenem Spielraum. Wo die gesunde Balance zwischen diesen jeweiligen Polen wegen projektiver Verhaltensweisen nicht gefunden wird, kann es leicht zu sexuellen Problemen kommen. Aber die Gefühle der Angst, der Schuld, der Scham können auch von Vorfahren übernommen sein und deshalb sexuelle Probleme und dann auch Minderwertigkeitsgefühle bewirken.

Sexualität ist nicht nur eine Erfahrung im persönlichen Beziehungsbereich; die starken emotionalen Energien, die sie zu wecken vermag, sind längst von der Wirtschaftswelt für ihre Interessen in der Werbung vermarktet. Erotik, Sexappeal und körperliche Ästhetik gehören zu den wichtigsten Vehikeln, um Produktinformationen in die Wahrnehmung und in das Bewusstsein möglichst vieler Bürger zu transportieren. Dies führt seit Jahrzehnten zu einer Erotisierung und Sexualisierung der Öffentlichkeit, in der körperliche Attraktivität, erotische Ausstrahlung und sexuelle Leistungsfähigkeit zu den obersten Werten persönlicher Lebensverwirklichung zu zählen scheinen. Wer in diesem Wertesystem, das täglich auf Plakatwänden, in Zeitschriften und in den Massenmedien demonstriert wird, nicht mithalten kann, empfindet sich entweder wie „von einer anderen Welt“ oder minderwertig in dieser Welt. Besonders Jugendliche sind der erdrückenden Macht der Bilder und Gefühle und den dadurch suggerierten Wertehierarchien ausgeliefert und können deshalb von Minderwertigkeitsgefühlen geplagt werden.

c) *Minderwertigkeitsgefühle im Alter*

Nicht wenigen Menschen wurde in ihrer Kindheit ein Wertesystem beigebracht, das den Fleißigen und Leistungsfähigen über die anderen stellt und auf die weniger fleißigen und erfolglosen Personen mit einer gewissen Verachtung blickt. Wer nun – von diesem Geist beseelt – ein Leben lang strebsam und ausdauernd gearbeitet hat und sich dabei die Anerkennung seiner Mitmenschen verdienen konnte, kann im Alter in tiefe Minderwertigkeitsgefühle fallen, weil inzwischen der Abbau der Lebenskräfte eingesetzt hat, weil Krankheiten und das Nachlassen der Leistungsfähigkeit im verinnerlichten Wertesystem einem die eigene Selbstachtung rauben. Zudem lassen im Alter auch die Verdrängungsenergien nach, die jahrzehntelang schmerzhafte Erinnerungen aus der Kindheit aus dem Bewusstsein ausgeblendet hatten. Im Alter schwinden auch die seelischen Kräfte der „Selbst-Beherrschung"; die Herrschaft des Willens über die Emotionen lässt nach und so bekommen die unterdrückten Gefühlsenergien langsam mehr Lebensraum und können sich stärker als bestimmende Kräfte in der Seele und auch im Verhalten eines alten Menschen etablieren.

Diese Hilflosigkeit gegenüber ungeliebten Gefühlen aus der Kindheit kann bei einem alten Menschen Missmut und Minderwertigkeitsgefühle auslösen. Die Wertmaßstäbe, die jahrzehntelang seine Lebensführung bestimmten, wirken gegenüber seinen nun vorherrschenden Gefühlen ohnmächtig und unrealistisch. Er kennt sich selber nicht mehr und kann sich selbst nicht ertragen, wie er sich jetzt erlebt. Manche Senioren werden aufgrund dieser emotionalen Spannungen lästig und für ihre Umgebung sehr unangenehm, manche gehen aufgrund ihrer Ohnmachtsgefühle gegenüber ihrer eigenen Innenwelt in eine kindliche Rolle und entwickeln dabei grenzenlose Erwartungshaltungen gegenüber ihren Angehörigen oder traktieren ihre Umgebung mit Vorwürfen und abwertenden Kommentaren.

Ich bin überzeugt, dass sich die Lebensqualität im Alter bei vielen Menschen wesentlich steigern ließe, wenn sie durch entsprechende Unterstützung das Ganze ihrer Lebensgeschichte mit den darin enthaltenen Schicksalsschlägen, seelischen Belastungen, Enttäuschungen und Verletzungen in ihrer Kindheit „anzuschauen“ lernten, die dabei entstehenden Gefühle zulassen und ihr Leben auch mit seiner inneren Geschichte umfassend annehmen könnten. Es wäre in unserer Zeit, in der die Lebenserwartung weiter steigt, dringend erforderlich, den Zusammenhang zwischen Pflegebedürftigkeit und Demenz auf der einen Seite und seelischen Belastungen der frühen Lebensgeschichte auf der anderen Seite gründlicher zu erforschen.

d) Minderwertigkeitsgefühle durch Todessehnsucht

Manche Minderwertigkeitsgefühle sind durch die Tatsache begründet, dass die Beziehung zwischen Lebenden und Verstorbenen intensiver wirkt, als vielen bewusst ist. Wenn es gelingt, einen verstorbenen Angehörigen in rechter Weise zu verabschieden und loszulassen, sodass wir sein Leben und seinen Tod achten können, werden wir entdecken, dass der Verstorbene unsere lebensbejahenden Kräfte stärkt und uns hilft, unser Leben sinnvoll weiterzuleben. Wenn es aber nicht gelingt, einen Verstorbenen loszulassen und sein Leben und seinen Tod zu achten, entsteht eine unheilvolle Beziehung zwischen Toten und Lebenden; diese wirkt als meist unbewusste Tendenz hin zum Tod. Wir können die Toten nicht zurückholen; wenn wir sie nicht loslassen, ziehen sie uns in „ihre Richtung“. Im Gefühl wirkt sich das so aus, dass man den Eindruck bekommt, man habe keinen rechten Platz mehr in dieser Welt, man gehöre nicht mehr richtig zu den

Lebenden. Manche Menschen in solcher Situation bekommen merkwürdigerweise eine lebensbedrohliche Krankheit oder spüren Selbstmordtendenzen. Genau diese seelischen Stimmungen können zusätzlich Minderwertigkeitsgefühle auslösen, die wiederum die Suizidgefahr steigern.

III. Kompensation von Minderwertigkeitsgefühlen

Viele Menschen denken bei dem Thema Minderwertigkeitsgefühle an Leute, die ein schlechtes Selbstwertgefühl haben, denen es innerlich nicht gut geht. Aber so einfach ist das nicht. Es gibt vielfältige Formen der Kompensation von Minderwertigkeitsgefühlen. Unter Kompensation *(wörtliche Bedeutung: Ausgleichsversuch, Ersatz für ..., Überspielung, Vertuschung)* verstehe ich, dass Personen aufgrund ihrer Lebensgeschichte, ihrer Jugendzeit oder Kindheit ein Minderwertigkeitsgefühl haben, das ihnen nicht bewusst ist. Es ist ihnen durch bestimmte Verhaltensweisen gelungen, dieses Gefühl so zu verdrängen, dass sie es nicht mehr spüren. Aber ihre Mitmenschen spüren die Auswirkungen sehr wohl. Diese erleben manche Kompensationsformen als belastende und verletzende Verhaltensweisen. Manche Kompensationen wirken sich aber für die „Verdrängungskünstler" selbst langfristig sehr problematisch aus. Denn der „Ersatz", den man durch Kompensation für ein nicht vorhandenes gesundes Selbstwertgefühl produziert, bewirkt Sucht, weil Ersatz nie wirklich befriedigt, sondern zu einem grenzenlosen Hunger werden kann. Im Folgenden sind einige dieser Verhaltensweisen, die ich als Kompensationen bezeichne, aufgeführt.

1. Bemühung um Anerkennung, Lob, Achtung, Sicherheit

a) Extremer Fleiß

Eine Kompensationsform von Minderwertigkeitsgefühlen ist extremer Fleiß. Das moderne Wort dafür ist *Workaholic.*

Solche Leute sind auch Herzinfarkt gefährdet. Letztlich handelt es sich hier um eine Methode, sich und der Welt durch Leistung zu beweisen, dass man etwas wert ist, um damit sein Minderwertigkeitsgefühl zu kompensieren. Ähnlich verhält es sich bei Karrieresucht, wo ein extremer Ehrgeiz nicht nur auf Arbeit bezogen ist, wie beim Fleißigen, sondern auch auf die Beziehung zu den Kollegen: Wer kommt am schnellsten voran, wer kann am effektivsten seine Ellbogen gebrauchen, wer erscheint als der Beste. Es geht bei diesen Beschreibungen keineswegs nur um negative Begriffe. Denn stolz zu sein auf etwas, was einem gut gelungen ist, ist durchaus gesund; Empfindlichkeit kann zusammenhängen mit einer Sensibilität, die durchaus künstlerische Begabung entfaltet; Fleiß gilt für die meisten als etwas Wertvolles, Karriere machen ist sicher auch etwas Schönes, wenn man für sehr gute Leistungen einen entsprechenden Verantwortungsbereich übertragen bekommt. Zu einem Problem wird all das, wenn einer auf diesem Weg rücksichtslos vorgeht, wenn er so sehr die Ellbogen gebraucht, dass er die anderen nicht mehr als Menschen achtet und ernst nimmt oder als Familienvater Ehepartner und Kinder nicht mehr wahrnimmt, nur noch äußerlich für sie sorgt, aber nicht als lebendiger Gesprächspartner zur Verfügung steht.

b) Extreme Selbstlosigkeit und Freigebigkeit

Wer die Enneagrammtypen kennt, weiß, dass es sich bei einem sehr selbstlosen und freigebigen Menschen um den extremen „Herztypen" handelt. Dieser will durch seine Selbstlosigkeit und Hilfsbereitschaft bei den anderen Menschen anerkannt werden und durch die Anerkennung und Dankbarkeit der Mitmenschen Minderwertigkeitsgefühle kompensieren. Wehe aber, wenn er nicht genügend Dankbarkeit bekommt. Extrem selbstlosen Menschen kann man kaum genügend Dankbarkeit erweisen, denn es wird nie ganz reichen, ihr Minderwertigkeitsgefühl zu kompensieren.

Und wenn die Anerkennung entschieden zu gering ist, können solche Menschen von der Selbstlosigkeit auf ein verbissenes Racheverhalten umschalten. So wie sie sich zuvor in einem kindlichen Bemühen um die Liebe und die Anerkennung der Mitmenschen, die sie in einer Ersatzrolle für ihre Eltern sehen, angestrengt haben, so beginnen sie nun stellvertretend für ihren Zorn auf die Eltern Rache zu nehmen an ihren Mitmenschen. Sowohl die erste wie die darauf folgende psychische Rolle ist meist von Minderwertigkeitsgefühlen genährt.

c) Extreme Gewissenhaftigkeit

Eine andere Kompensationsform ist extreme Gewissenhaftigkeit. Die ursprüngliche emotionale Energie dahinter ist die Angst, etwas falsch zu machen. Diese wird oft durch Schicksalsschläge in der Kindheit verursacht, für die sich das Kind selbst die Schuld gibt oder durch Schuldgefühle der Vorfahren, die man unbewusst übernommen hat und bei denen einem deshalb nicht bewusst ist, woher sie kommen. Solche Menschen versuchen durch größte Aufmerksamkeit und Sorgfalt unter allen Umständen zu verhindern, etwas falsch zu machen, also wieder schuldig zu werden. Denn dies würde ihr latentes Minderwertigkeitsgefühl wieder wachrufen. Sie empfinden jeden geringsten Fehler als Katastrophe. Minderwertigkeitsgefühle sind für solche Menschen nicht nur ein belastendes Gefühl, sondern das Fallen in einen bodenlosen Abgrund. Der ständige Kampf, mit dem sie ihre Gewissenhaftigkeit aufrechtzuerhalten versuchen, ist ein täglicher Kampf um das seelische Überleben. Gelingt es ihnen jedoch über einen langen Zeitraum, Fehler zu vermeiden, ist bei ihnen die Entrüstung, ja manchmal sogar die Verachtung, groß über die Familienmitglieder bzw. Mitarbeiter, die sich nicht in gleicher Weise um Gewissenhaftigkeit bemühen.

Solche Menschen sind für Verwaltungsaufgaben meist äußerst zuverlässige und umsichtige Mitarbeiter, aber gegenüber unvorhergesehenen Problemen und emotionalen Herausforderungen wirken sie unflexibel. Die Etikettierung mit dem nicht sehr schmeichelhaften Titel „Bürokrat“ ist dann die Reaktion der Mitmenschen.

2. Kompensation durch „sich erheben über die anderen“

a) Stolz, Arroganz, Angeberei, Eitelkeit

Ein Mensch mit einem unbewussten Minderwertigkeitsgefühl kann eine besonders extreme Form von Stolz oder Arroganz oder Angeberei oder auch Eitelkeit entwickeln. Solche Menschen haben sich in ihrer Kindheit oder Jugendzeit nicht wahrgenommen oder nicht ernst genommen erlebt. Oft ist die Erinnerung daran ins Unbewusste abgesunken, aber in den Tiefenschichten der Seele gespeichert und von dort aus auf das Verhalten wirkend. Jetzt wollen sie dies kompensieren, in dem sie nach außen hin besonders demonstrativ Aufmerksamkeit zu wecken verstehen und der Umwelt signalisieren, dass sie etwas Besonderes sind. Manche solcher Menschen leben nach dem Motto: „Wer angibt, hat mehr vom Leben!“ Die Ebenen, auf denen das inszeniert wird, sind vielfältig. Der eine versteht es, seinen Reichtum in demonstrativem Luxus zur Schau zu stellen, manche Frau betreibt übertriebene Schönheitspflege, ein anderer versteht es anzugeben mit seiner beruflichen Karriere oder mit seinem politischen Erfolg.

Wenn man die Kindheit und die Eltern solcher Menschen kennt, dann versteht man, woher eine solche Lebenshaltung kommt. Wer besonders arrogant auftritt und auf andere Menschen herabsieht, bei dem können wir davon ausgehen, dass er unbewusst ein tiefes Minderwertigkeitsgefühl in sich trägt. Umgekehrt gesprochen hat ein Mensch mit einem gesunden Selbstwertgefühl es nicht nötig, auf andere herabzusehen, sich innerlich über andere zu stellen, oder den anderen ständig beweisen zu müssen, dass er doch der Bessere ist. Ein Mensch mit einem gesunden Selbstwertgefühl kann es ertragen, dass er mit anderen auf gleicher Ebene steht, dass jeder so einzigartig und unterschiedlich ist, von den anderen unterscheidbar, wie eben Menschen Originale sind, ohne diese Unterschiedlichkeit als einen Unterschied in der menschlichen Werthaftigkeit zu verstehen.

b) Star-Allüren und Übersensibilität

Diese Form der Kompensation des Minderwertigkeitsgefühls kennen wir alle aus den Medien: Star-Allüren bei manchen großen Leuten, die in der Öffentlichkeit stehen. Sie haben ständig exklusive Sonderwünsche, es ist immer schwierig, es ihnen recht zu machen, sie erwarten immer eine bevorzugte Behandlung, wollen in jeder Hinsicht demonstrieren, dass sie etwas Besonderes sind, und sind entrüstet und beleidigt, wenn ihre außergewöhnliche Persönlichkeit nicht genügend als solche wahrgenommen und entsprechend gewürdigt wird. Der Hunger nach Aufmerksamkeit, der in ihrer Kindheit nicht gestillt worden ist, soll nun tausendfach aufgrund einer nie endenden Sehnsucht nach Beachtung und Bewunderung gesättigt werden und sie werden doch dadurch niemals wirklich satt und zufrieden. Die besondere Empfindlichkeit, die sie entwickeln, ist letztlich bedingt durch eine emotionale Unsicherheit. Sie brauchen das große Publikum, sie brauchen das ständige Bewundertwerden, um ihre versteckten Minderwertigkeitsgefühle kompensieren zu können.

c) Besserwisserei

Auch bei Besserwisserei geht es um ein Sich-erheben über andere durch einen Vorsprung an Wissen oder durch den

Besitz der „richtigen“ Informationen. Wir erleben Menschen, die immer alles besser wissen, die nichts von anderen annehmen können, die immer absolut recht haben müssen, als sehr unangenehm. Auch sie haben letztlich ein schlechtes Selbstwertgefühl. Denn wenn einer ein gesundes Selbstwertgefühl hat, dann kann er dem anderen sein Spezialwissen gönnen oder eine andere Lebenserfahrung und seine Sichtweise respektieren. Er kann tolerieren und aushalten, dass es verschiedene Sichtweisen oder Meinungen gibt und dass ein anderer über einen bestimmten Themenbereich mehr weiß als er selbst.

„Besserwisser“ haben meist bereits in der Kindheit eine Führungsrolle in der Familie übernehmen müssen. Wenn Eltern schwach sind oder zuwenig Verantwortung übernehmen, kommt es vor, dass ein Kind sehr früh einen erstaunlichen Anteil der Verantwortung für die praktische Lebensgestaltung im Alltag auch für die Eltern zu übernehmen bereit ist. Die unbewusste Verachtung, die dadurch in diesem Kind gegenüber seinen Eltern entsteht, wird später auf die Mitmenschen übertragen. Und das Minderwertigkeitsgefühl wegen der „verlorenen“ Kindheit wird durch heftiges Beharren auf die alleinige Richtigkeit der eigenen Meinung kompensiert.

d) Fremdenfeindlichkeit

Eine besondere Form von Arroganz, aber auch eine Art von kulturellem Sich-erheben über andere, sehen wir in der Fremdenfeindlichkeit. Fremde werden ausgegrenzt, weil das Fremde, das man als Kind selbst für seine Eltern verkörperte, bei diesen kein Verständnis erlebte. Wer in seiner Kindheit und Jugendzeit nicht erleben durfte, dass das Neue in seinem Charakter und Dasein von den Eltern wahrgenommen und geachtet wurde, wer mit seinem persönlichen Denken und Fühlen keinen Platz im Mitgefühl und Verständnis seiner Eltern finden durfte, wer nur das „Entweder-Oder“, das „Ich oder Du“ erleben musste, der hat unter Umständen nicht den seelischen Raum, um einer fremden Kultur und Menschen mit anderen Traditionen und Sitten neben sich einen Raum zu gewähren. Denn Toleranz setzt einen inneren seelischen Raum voraus, der für das Anders-Sein von Mitmenschen noch Platz gewährt. Wer in der Kindheit wenig Platz hatte im Denken und Fühlen seiner Eltern, für den ist es schwer, daran zu glauben, dass Gegensätze und Andersartigkeit der Menschen und Kulturen nebeneinander Platz haben können.

e) Religiöse Intoleranz

Religiöse Intoleranz ist eine Art Fremdenfeindlichkeit im Bereich der Religion. Auch das hängt immer damit zusammen, dass man sich verunsichert fühlt durch das Fremde des Glaubens anderer. Weil man diese Verunsicherung und die dabei aufsteigenden Ängste nicht aushalten will, werden die anderen abgewertet oder bekämpft. Wir kennen das vielfältig aus der Kirchengeschichte. Aber nicht nur in der Geschichte des Christentums ist dies ein dunkles Kapitel, sondern auch in der Geschichte der anderen großen Religionen: dass man Anders-Gläubige verfolgt, unterdrückt, sogar vernichtet. Alle Formen fundamentalistischer Gläubigkeit hängen damit zusammen, dass man meint, nur ganz bestimmte Formen des Glaubens seien gültig oder es müsse eine Wahrheit geben, an die man sich klammern kann und die einem dann verspricht, dass man auf diesem Weg sicher das Heil und das ewige Leben findet. Jeder Glaubenszweifel wird als Gefährdung dieser Sicherheit radikal bekämpft. Weil die anderen mit ihrem Glauben oder mit ihrer Konfession schon durch ihr Dasein uns in Frage stellen, glaubt man, sie bekämpfen zu müssen, damit jede Infragestellung eigener religiöser Überzeugung und der eigenen Heilsgewissheit ausgemerzt wird.

Fundamentalistisch Gläubige, die sich kritiklos, ohne

eigenes Nachdenken den Forderungen eines „Heiligen Buches“ oder dem Führer ihrer Religion unterwerfen, haben einen besonderen biografischen Hintergrund: Entweder haben sie bedrückende Schuld- und Minderwertigkeitsgefühle von einem Elternteil übernommen oder sie haben selbst etwas sehr Belastendes erlebt, das dazu führte, dass sie die damit verbundenen, sehr schmerzhaften Gefühle verdrängten. Sowohl übernommene Gefühle wie auch Gefühle aus der eigenen Kindheit können so mächtig und erschreckend sein, dass sie Todesangst auslösen können. Die Flucht vor solchen Gefühlen empfinden solche Menschen als eine Flucht ins Leben. Aber dies führt zu einer allgemeinen Unterdrückung und Abwertung des gesamten Emotionshaushaltes. Da Gefühle wesentlich sind für die seelisch-geistige Orientierung und Selbstständigkeit eines Menschen, raubt dieses kindliche Verhaltensmuster, das dann zu einem Lebensmuster werden kann, den inneren Kompass. Wenn man keine innere Orientierung zur Verfügung hat, suchen manche nach einer äußeren Orientierung in Form von dogmatischen Religionssystemen, die mit göttlichem Wahrheitsanspruch auftreten. Dies kompensiert die Minderwertigkeitsgefühle, die durch die emotionale Unsicherheit gegeben sind, wirkt aber für andere Menschen als starre, autoritäre und intolerante Gläubigkeit.

3. *Kompensation durch „Herrschaft“ und „Kontrolle“*

Menschen mit solchen Kompensationsformen misstrauen dem Leben, weil sie den Gefühlen misstrauen, die sie nur bedrohlich erleben. Deshalb können sie nicht in sich ruhen, nicht ihren Intuitionen folgen, sondern meinen, das Leben unbedingt in den Griff bekommen, es total kontrollieren zu müssen. Das wirkt sich u. U. dann so aus, dass sie ihre Mitmenschen, ihren Lebenspartner, Dinge, eine Organisation, einen Betrieb oder Informationen und Daten zu beherrschen versuchen. Manchmal handelt es sich geradezu um eine Art „Einverleibung“, weil alles außerhalb von ihnen als fremd und unberechenbar erscheint und sie sich andererseits innerlich leer fühlen, da ihnen die „Fülle des seelischen Lebens“ durch die Abwertung ihrer Gefühle abhanden gekommen ist. Neben diesem Kontroll-Bedürfnis geht es aber bei diesen Verhaltensweisen auch hier um das „besser sein als andere“, um sich und anderen zu demonstrieren, dass man etwas wert ist, weil man besser, weil man mächtiger ist als sie. Letztlich geht es diesen Menschen nicht so sehr darum, etwas wert zu sein, als vielmehr etwas wert zu scheinen. Manche glauben aber, dass der Schein der Realität entspricht. Wenn sie ihre Möglichkeiten zur Beherrschung und Einverleibung verlieren, sind sie sehr unsicher, weil sie plötzlich mit sich selbst konfrontiert sind. In folgenden kompensatorischen Verhaltensweisen kann sich das ausdrücken:

a) Herrschsucht

Menschen in den Griff bekommen zu wollen, bezeichnen wir als Herrschsucht. Wir kennen das vor allem aus dem politischen Bereich. Da kann es sich um Herrscher, Machthaber und Tyrannen aus der gesamten Menschheitsgeschichte handeln, die ihre Untertanen unterdrückten, schikanierten oder terrorisierten oder um politisch oder wirtschaftlich Mächtige in unserer Zeit, die ihre Positionen und ihre Machtmittel dafür einsetzen, ihre Karriereleiter hochzusteigen, andere auszubooten und die es schaffen, immer mehr Menschen zu zeigen, dass sie das Sagen haben, dass die Dinge nach ihrem Willen zu laufen haben. Bei einigen extremen diktatorischen Persönlichkeiten aus dem vergangenen Jahrhundert wurde die Biografie recherchiert (z. B. Alice Miller, „Am Anfang war Erziehung“). Bei Adolf Hitler, bei Stalin oder bei Milosevic beispielsweise sind entweder Misshandlungen und Demütigungen oder schwere Schicksalsschläge im Kindesalter bekannt. Solche Erfahrungen können ein tiefes Minderwertigkeitsgefühl entstehen lassen, das dann später in tyrannischen Formen politischer Machtausübung kompensiert wird. In der Fähigkeit, anderen den eigenen Willen aufzuzwingen, sie für eigene Ziele zu funktionalisieren oder sie zu demütigen oder gar zu vernichten, sehen sich solche Menschen über den anderen stehend, erleben sich mächtig und halten sich deshalb für bedeutend. Nicht nur Diktatoren in der politischen Welt sind in solchen psychischen Mustern gefangen, es gibt dieselben seelischen Strukturen auch bei manchen Vorgesetzten in der Wirtschaft und in der Verwaltung heute; nur sind die Wirkungen in einer demokratischen Gesellschaft verglichen mit einem autoritärem Staatswesen abgeschwächt.

b) Habsucht, Besitzgier, Geiz

Solche Verhaltensweisen kommen letztlich daher, dass Menschen zu wenig Selbstwertgefühl haben und meinen, durch Dinge, die man besitzt oder die man zurückhält und anderen vorenthält, die man sich also in gewisser Weise „einverleibt“, den eigenen Wert steigern zu können. Da geht es um den Wert der Dinge, die einem als Person Wert verleihen sollen. Ich kenne einen Geschäftsmann, der als habsüchtig gilt. Er war in seiner Herkunftsfamilie das jüngste von mehreren Kindern. Das Kind vor ihm war behindert und sehr oft kränklich und beanspruchte deshalb die Aufmerksamkeit und Zuwendung der Mutter in ungewöhnlichem Maße. Das jüngste Kind kam deshalb mit seinen seelischen Bedürfnissen jahrelang zu kurz. Als erwachsener Mann glaubte er – sicher in unbewusster Weise – die fehlende Mutterliebe durch materielle Güter ersetzen zu können. Dies ist gewöhnlich die Ursache für Habsucht: In der Kindheit nicht erhaltene seelische Nahrung versuchen manche später in materieller Form zu bekommen. Aber diese beiden Ebenen, die seelische und die materielle Bedürftigkeit, die beide auf ihre Weise sinnvoll und notwendig sind, auszutauschen, löst keine Probleme. Seelischer Hunger lässt sich nicht mit noch so vielen materiellen Gütern und Luxus stillen. Seelischer Hunger muss seelisch genährt werden. Und seelischer Hunger aus Kindertagen kann auch nicht mit seelischer Nahrung von anderen Menschen allein gestillt werden; dafür ist Trauerarbeit notwendig und der schwierige Weg der Selbstfindung zu gehen.

Alle Schätze und Güter der Erde können den seelischen Hunger aus der Kindheit eines einzigen Menschen nicht stillen, auch wenn das kapitalistische Denken und Wirtschaften vielen Menschen genau dies einzureden versucht. Der Kapitalismus gründet sich vor allem auf Menschen mit unbewussten Minderwertigkeitsgefühlen, die versuchen, ihren seelischen Hunger aus Kindertagen mit materiellen Gütern zu stillen und dabei ein grenzenlos unersättliches Verhalten entwickeln.

c) Eifersucht

Extreme Eifersucht ist auch eine Kompensationsform von Minderwertigkeitsgefühlen. Sie ist eine Art von Besitzdenken, eine Habsucht auf personaler Ebene, wobei es hier nicht darum geht, Dinge zu besitzen, sondern Menschen. Wenn man einen bestimmten Menschen nicht besitzen kann, glaubt man sich nicht mehr wertvoll.

Ein möglicher biografischer Hintergrund: Der mangelnden Zuwendung, die man als Kind erlebt hat, stand gleichzeitig die Bevorzugung einer Schwester bzw. eines Bruders gegenüber. Es gab eine klare Konkurrenzsituation der Kinder gegenüber den Eltern. Wenn es ein Lieblingskind in der Familie gab, ist die Wahrscheinlichkeit sehr hoch, dass die anderen Kinder später sehr eifersüchtige Ehepartner werden. Auch bei Sandwichkindern, also den mittleren von drei Kindern, bei denen Eltern oft nicht wahrnehmen, dass dieses Kind seelisch keinen so guten Platz findet, kann diese

Geschwisterkonstellation der Grund sein für eine tiefe Eifersucht, die die spätere Ehe schwer belasten kann. Besonders bedeutungsvoll ist beim Thema Eifersucht die früheste Kindheit. Denn der einzige Mensch, der einen anderen Menschen besitzen darf, ist ein Säugling. Er nimmt in der ersten Zeit seines Lebens die Mutter Tag und Nacht für sich in Anspruch. Der gesamte Tagesablauf der Mutter wird vom Kind diktiert. Wird dem Säugling diese umfassende Zuwendung nicht geschenkt, besteht die Gefahr, dass das Kind später als erwachsener Mensch seinen Ehepartner, seine Kinder oder andere Menschen total für sich in Anspruch zu nehmen versucht.

d) Sturheit und Trotz

Eine andere Form der Kompensation sind Sturheit und Trotz, wenn z. B. ein Ehepartner mehrere Tage oder sogar mehrere Wochen nicht mehr zu reden bereit ist. Eine Frau erzählte, wenn sie nicht immer wieder auf ihren Mann zugehen würde, wäre kein Gespräch mehr möglich. Denn nach einem Konflikt kommt er von sich aus nicht auf sie zu, sondern bleibt wochenlang stur in seinem Schweigen. Solche Sturheit, solcher Trotz hängt damit zusammen, dass man innerlich bestimmte Gefühle als sehr bedrohlich erlebt, meistens Gefühle aus der Kindheit. Um solche bedrohlichen Gefühle nicht hochkommen zu lassen, schweigen solche Menschen. Aber mit dem Schweigen haben sie gleichzeitig die Möglichkeit, dem anderen Schwierigkeiten zu machen, ihm weh zu tun und damit ihn den eigenen Schmerz spüren zu lassen. Dies ist eine sehr subtile Form, Macht und Herrschaft auszuüben, den anderen „zappeln" zu lassen. Betroffene Ehepartner erleben dies als eine sehr unangenehme und unfaire Methode des Konfliktverhaltens; im Bekanntenkreis oder im Berufsleben ist sie eine der belastendsten und problematischsten Umgangsformen überhaupt.

e) Gewalttätigkeit

Auch Gewalttätigkeit enthält ein typisches Muster von Minderwertigkeitsgefühlen. Wir kennen das Problem in verschiedenen gesellschaftlichen Bereichen, z. B. in den Schulen mit der dort zu beobachtenden wachsenden Gewaltbereitschaft. Vor kurzem erlebte ich in einer 6. Klasse der Hauptschule, dass zwei Schüler im Scherz balgend am Boden lagen. Dann kam ein dritter dazu und sprang mit beiden Beinen gleichzeitig auf einen der am Boden liegenden. Ich war erschrocken über dieses rohe Verhalten. Einige Tage später trat derselbe Junge mit voller Kraft mit dem Fuß nach einem am Boden liegenden Klassenkameraden. Der Rektor erzählte mir, dass dieser Junge jeden Nachmittag alleine zu Hause sei und die Eltern keine Zeit für ihn hätten. Kinder erleben die mangelnde Zuwendung der Eltern und deren geringes Interesse für ihr Leben als Gefühl der Unwichtigkeit und Bedeutungslosigkeit und bekommen Minderwertigkeitsgefühle, die unter Umständen hasserfüllt an anderen Menschen abreagiert werden. Das Aufsehen erregende ihrer Gewalttätigkeit ist außerdem ein verzweifelter Kompensationsversuch ihrer Minderwertigkeitsgefühle. So werden sie wahrgenommen und beachtet. *Beachtet* zu werden ist oft wichtiger als *geachtet* zu werden.

4. Weitere Kompensationsformen

a) Dreiecksverhältnisse

Auch Menschen, die in Dreiecksverhältnissen leben, können Minderwertigkeitsgefühle entwickeln. Da spürt die Freundin eines verheirateten Mannes, dass sie im Leben ihres Partners nur am Rande steht, dass die Beziehung sich nur im Verborgenen abspielen darf, dass ihr Partner sich nicht offen zu ihr bekennen will. Dieses Versteckspiel bewirkt langfristig Minderwertigkeitsgefühle.

Ein besonders markantes Beispiel: Eine Frau leidet unter dem Dreiecksverhältnis, das sie seit Jahren pflegt. Sie hat sich mit ihrem Mann immer gut verstanden, dann aber einen anderen kennen gelernt und mit ihm ein Verhältnis begonnen. Ein Blick in ihre Kindheit kann die hintergründige Dynamik ihres Verhaltens verständlich machen: Sie war bei den Großeltern aufgewachsen; vor allem der Vater war sehr schwer erreichbar. Der Großvater hat mit ihr viel gespielt und war immer für sie da.

Für die beiden Männer in der Kindheit, den Großvater und den Vater, gibt es jetzt Stellvertreter: Ihren Mann, der mit ihr die Freizeit gestaltet und für sie da ist und den Freund, der selbst verheiratet und schwer erreichbar ist. Aber im Zusammensein mit ihm erlebt sie ein Stück Erfüllung ihrer kindlichen Sehnsucht nach dem Vater, denn ihre größte kindliche Liebe richtet sich nicht auf den „Erreichbaren", auf den Ehemann, sondern auf den „Unerreichbaren". Deshalb ist dieses Dreiecksverhältnis auch über Jahre hinweg so stabil, und trotzdem bleiben die in der Kindheit entstandenen Minderwertigkeitsgefühle in neuer Gestalt erhalten.

b) Suchtverhalten

Eine andere Kompensationsform von Minderwertigkeitsgefühlen sind Alkoholismus und andere Suchtkrankheiten. Familientherapeutisch betrachtet handelt es sich dabei um eine Form der Selbstabwertung in Solidarität mit einem abgewerteten Elternteil oder mit einem Elternteil, der selber Minderwertigkeitsgefühle in schlimmer Form in sich trägt. Man kann aber Alkoholismus auch verstehen als Hilfeschrei, weil man es nicht schafft, diese Abwertungsgeschichte, aus der man kommt, aufzulösen. Ein weiterer Aspekt von Suchtverhalten wird in der Esssucht besonders deutlich. Sie spiegelt einen seelischen Hunger aus der Kindheit wieder, der sich auf die materielle Ebene verlagert hat. Was bei anderen sich in Habsucht, Herrschsucht und Besitz ergreifender Eifersucht auswirkt, wird hier auf die Ebene der Nahrungsmittel verlagert, die man als Ersatz für vermisste seelische Nahrung in sich hinein „futtert". Die eigene Unfähigkeit, die Grenzen für das rechte und gesunde Maß wahrzunehmen, führt in diesem Fall zu Fettleibigkeit. Man wird unbeweglicher und schwerfälliger, man spürt das Ungesunde dieser Körperveränderung, vor allem widerspricht sie auch dem ästhetischen Empfinden, aber man schafft es nicht, sein Essverhalten unter Kontrolle zu bringen. Das alles verstärkt noch die Minderwertigkeitsgefühle.

Die Lust am Alkohol, an Drogen und am Essen soll die Unlust der Minderwertigkeitsgefühle überdecken. Während Minderwertigkeitsgefühle mit Gefühlen von Einsamkeit, Abgeschnitten-Sein und Beziehungslosigkeit zu tun haben, haben diese konsumistischen Lustgefühle mit dem Gefühl von Dazugehörigkeit, von Kontakt und mit der Überwindung der Grenzen gegenüber unserer Außenwelt zu tun. Ekstatische Einheit überwindet für kurze Zeit das seelische „Insel-Dasein" der menschlichen Person, die sich isoliert und überflüssig vorkommt.

Ein weiterer psychodynamischer Hintergrund für nicht beherrschbare Esssucht sei hier noch erwähnt: Extreme Korpulenz kann auch das unbewusste Sich-Zulegen einer „dicken Haut" als Ersatz für das Fehlen einer gesunden seelischen Haut darstellen. Nicht nur zu wenig Zuwendung kann solche körperlichen Probleme verursachen, auch zu viel Zuwendung, wenn sie nicht mit Achtung verbunden ist. Wer in der Kindheit und Jugendzeit von Seiten einer Bezugsperson erleben musste, dass man sich ständig besserwisserisch in jeden seiner Lebensbereiche einmischte, wem verboten wurde, gegenüber überfordernden Erwartungshaltungen von Eltern oder Großeltern auch Nein zu sagen, der kann Minderwertigkeitsgefühle bekommen und als Kompensation seines nicht akzeptierten Abgrenzungsverhaltens sich eine „dicke äußere Haut" zulegen.

Ein anderer Aspekt bei Suchtverhalten ist bedenkenswert:

Minderwertigkeitsgefühle sind oft die Folge einer inneren Leere, die entsteht, weil Gefühle gefürchtet oder abgewertet sind oder weil man an die Gefühle, die mit dem eigenen Leben zu tun haben, nicht herankommt, da man in unbewusster Liebe besetzt ist durch Gefühlsenergien aus der Verwandtschaft. Da der Hunger nach Leben sich auch im Hunger nach Gefühlen äußert, versuchen solche Menschen durch die künstliche Erzeugung von Gefühlen mittels chemischer Substanzen wie Drogen, Tabletten und Alkohol „Leben" in sich zu wecken und dadurch Minderwertigkeitsgefühle zu kompensieren.

Sehr extreme Minderwertigkeitsgefühle verursacht die seelische Krankheit der Bulimie. Diese Sucht, im Übermaß zu essen und das Gegessene wieder zu erbrechen, hat systemisch betrachtet eine relativ seltene Struktur: Während viele Probleme dadurch verursacht sind, dass ein Kind das verdrängte Problem einer einzelnen Person aus der Familie übernehmen kann, ist das leidende Kind bei der Bulimie mit zwei verschiedenen Personen der Familie, die miteinander in einem ungelösten Konflikt stehen, gleichzeitig verbunden. In unbewusster Liebe zu der einen Person isst das Kind, wobei essen hier symbolisch für „seelisches Nehmen" steht. In unbewusster Liebe zu einer zweiten, in der Familie abgewerteten Person, erbricht sich das Kind. Dieses unbewusste Eingespannt-sein in den Konflikt von zwei anderen Menschen blockiert das Entdecken der eigenen Seele und treibt durch die extreme Belastung des körperlichen Organismus in einen verzweifelten Zustand. Die Sucht der Bulimie zeigt, dass nicht jedes Suchtverhalten als Kompensation zu verstehen ist, aber sie verursacht extreme Minderwertigkeitsgefühle.

Zusammenfassung

Wir sehen, es gibt eine Reihe von Kompensationen für Minderwertigkeitsgefühle, die also keineswegs immer als Minderwertigkeitsgefühle auftreten. Die Formen dieser Kompensationen wirken sich im Bereich der Familie und der Erziehung aus, sie berühren Fragen der seelischen Gesundheit, des Berufslebens und der Wirtschaft und sie reichen hinein in das kirchliche Leben und in den persönlichen religiösen Glauben und sie bestimmen vieles, was in Politik und Gesellschaft geschieht. Alle Bereiche des Lebens werden davon berührt: die großen Mechanismen des Kapitalismus oder gesellschaftlich übliche Egoismen und rücksichtslose Existenzkämpfe, überall können dahinter Kompensationsenergien von Minderwertigkeitsgefühlen mit enthalten sein.

Im Gegensatz dazu werden Menschen, die ein gesundes Selbstwertgefühl entwickeln, achtungsvoll und gerecht miteinander umgehen. Sie haben es nicht nötig, auf andere Menschen herabzusehen, sie zu demütigen und zu unterdrücken, sie zu beherrschen oder sie zu manipulieren. Menschen mit einem gesunden Selbstwertgefühl sind bereit, in der Gegensätzlichkeit von Meinungen und Interessen Kompromisse zu schließen und andere in ihrer Andersartigkeit zu tolerieren, man muss sie nicht ausgrenzen und bekämpfen, es lassen sich gute Spielregeln des Zusammenlebens finden. Deshalb ist dieses Thema „Selbstwertgefühle – Minderwertigkeitsgefühle" ein grundsätzliches und umfassendes Thema. Ich bin überzeugt, dass es sich dabei auch um ein zentrales religiöses Thema handelt, dass „Erlösung", wie sie in der Botschaft Jesu verstanden wird (vgl. Enzyklika „Redemptor hominis" von Papst Johannes Paul II., S. 17 f.), vor allem bedeutet: Menschen werden erlöst aus dem Gefühl, nichts wert zu sein, aus der Angst, nichts wert zu sein; denn diese Angst, nichts wert zu sein, macht den Menschen egoistisch, rücksichtslos, gefühllos und gewalttätig und sie schadet dem Menschen in seinem Innersten, in seinen Beziehungen zu anderen und zur Umwelt.

Sowohl chronische Minderwertigkeitsgefühle wie die vielfältigen Formen ihrer Kompensation sind religiös betrachtet die Grundformen von „Unerlöstheit“.

IV. Überwindung von Minderwertigkeitsgefühlen

So natürlich Minderwertigkeitsgefühle einfach zum Leben dazugehören, so wenig sind bedrückende, beständige Minderwertigkeitsgefühle, die das ganze Leben zu bestimmen drohen, einfach Schicksal und unabdingbare Last. Ein tieferes Verständnis ihrer Ursachen und Wirkungsweisen soll Menschen aus Passivität und einer bloßen Opferrolle herausholen und handlungsfähig machen, um ihre Minderwertigkeitsgefühle abzubauen und ein gesundes Selbstwertgefühl aufzubauen. Welche Möglichkeiten ergeben sich nun dafür aus den bisherigen Erkenntnissen systemischer Familientherapie?

1. *Trauerarbeit und Verzicht*

Minderwertigkeitsgefühle, die durch seelische Verletzungen im Kindesalter verursacht sind, erfordern Trauerarbeit über das, was einem als Kind gefehlt hat, was man schmerzhaft vermisst hat, wodurch man überfordert, belastet oder seelisch verwundet worden ist. Trauerarbeit leisten heißt: den Schmerz wahrnehmen und annehmen. Ein Erwachsener ist in der Lage, vieles alleine auszuhalten, manches auch mit Hilfe eines Therapeuten oder eines guten Freundes oder einer guten Freundin. Als erwachsener Mensch bin ich in der Lage, jedes Gefühl zuzulassen. Bei manchen Gefühlen kann es sehr dramatisch sein, sie anzunehmen. Tränen können hochsteigen, ein tiefes inneres Einsamkeits- oder Verlassenheitsgefühl kann sich ausbreiten, ja sogar Todesangst kann einen befallen. Aber in einem ehrlichen Umgang mit diesen Gefühlen können wir diesen Prozess durchstehen, können es zulassen, dass solche Gefühle in jede Faser unseres Körpers und unserer Seele hinein ausstrahlen und sogar aus uns herausströmen.

Solange wir das Fließen solcher Gefühle in uns nicht zugelassen haben, solange wir solche Gefühle nicht seelisch „durchwandert“ haben, belasten sie uns. Wenn wir sie aber angenommen und durchlitten haben, werden sie ein Teil von uns, der uns seelisch stärkt. Wir kommen durch den Schmerz hindurch zu unserem eigenen Ich; wir entdecken durch den Schmerz die Weite unseres eigenen seelischen Raumes. Das Innere bekommt für uns Konturen und eine Struktur, die uns seelische Räume erschließt und eine innere Weite, in der wir entdecken können, dass alles, was zu unserer Lebensgeschichte dazugehört, einen Platz bekommen kann. Diese Selbsterfahrung, die gerade durch Schmerzen hindurch möglich ist, hilft uns, unser eigenes Wesen, unsere eigene Geschichte und Vergangenheit anzunehmen und als unser Eigenes zu bejahen.

Es ist eine fundamentale Erfahrung, dass wir durch das Zulassen des seelischen Schmerzes der Trauer den seelischen Raum in uns wahrnehmen lernen, der zuvor durch die Verdrängung der Trauer verschlossen war.

Minderwertigkeitsgefühle haben etwas zu tun mit der Angst, nichts wert zu sein, und Angst hat mit Enge zu tun, damit, dass es einem innerlich eng ist. Das Durchleiden schmerzhafter Gefühle, die den eigenen seelischen Raum ausgefüllt haben, gibt nicht nur dem Schmerz Raum, sondern lässt nach einiger Zeit spüren, dass neben diesem Schmerz noch viele andere seelische Energien in einem wirken und Platz haben und Platz brauchen.

Die Angst vor der Trauer können wir leichter überwinden, wenn wir wenigstens bei einem einzigen Menschen Verständnis und Mitgefühl für unseren Schmerz finden. Oft liegt es nicht nur an der Gefühllosigkeit der Gesellschaft und der Mitmenschen, wenn wir meinen, keine Anteilnahme in unserer Umgebung zu bekommen; es liegt auch ein Stück an uns selbst, ob wir in unserer gesamten Lebensgestaltung über Jahre und Jahrzehnte uns um Beziehungen des Vertrauens bemühen, indem wir selbst Anteilnahme, Hilfsbereitschaft und Zeit aufbringen für Menschen in unserer Nähe, die von seelischen Problemen belastet sind. Das ist so ähnlich wie bei manchen alten Menschen, deren Aktionsradius durch gesundheitliche Belastungen stark eingeschränkt ist und die dann über Einsamkeit und über die Interesselosigkeit ihrer Mitmenschen klagen. Aber als sie gesund waren, haben sie sich für keinen behinderten, pflegebedürftigen oder kranken Menschen interessiert. Und dann gibt es rüstige Senioren, die lebendigen Kontakt und Austausch miteinander pflegen und ihre viele freie Zeit dafür nutzen, auch jene zu besuchen, die in ihrer Umgebung und in ihrem Bekanntenkreis aus gesundheitlichen Gründen selbst kaum mehr ihre vier Wände verlassen können. Bei diesen Personen ist zu beobachten, dass sie auch dann, wenn sie selbst in ihren Kontaktmöglichkeiten beeinträchtigt sind, nicht die Verbundenheit und die Anteilnahme ihrer Freunde und Bekannten verlieren.

Gerade bei bedrückenden Gefühlen zeigt es sich, ob man sich in der langfristigen Lebensgestaltung bemüht hat, gute Beziehungen des Vertrauens und der Freundschaft aufzubauen und nun in einem seelischen Tief auch für unangenehme und belastende Gefühle einfühlsame Gesprächspartner zur Verfügung hat.

Eine weitere Blockade der Trauer lässt sich dadurch auflösen, dass wir im aktuellen Trauerschmerz das Ganze unserer Lebensgeschichte „durchwandern“ und hinspüren auf der Suche nach alten Trauerereignissen, die wir verdrängt haben und die sich über einen aktuellen Trauerschmerz zusätzlich in unserer Seele breit machen und uns zu lähmen drohen. Die Unterscheidung dieser lebensgeschichtlichen Ereignisse hilft uns, auch ein frühes Ereignis aus unserer Lebensgeschichte mitsamt der darin enthaltenen Gefühlsenergie anzuschauen, zu bejahen und gefühlsmäßig zu integrieren in das Ganze unseres Lebens.

Haben wir in der Kindheit durch unsere Eltern schmerzhafte Enttäuschungen erlebt, ist es wichtig, die Eltern trotzdem als unsere Eltern anzunehmen. Es befreit von einer inneren Verbitterung zu erkennen: Die Eltern hatten selbst nicht, was wir von ihnen bekommen wollten und nicht bekommen haben. Das ist ein grundlegender therapeutischer Prozess. Dann können wir die Eltern achten mit ihrem Schicksal und achten als unsere Eltern. In einem therapeutischen Ritus empfehle ich dies auch äußerlich zu vollziehen: die ausgestreckten Hände, die den Eltern entgegengehalten werden und unsere Kindersituation widerspiegeln, zurückzuziehen, eine Hand auf die eigene Brust und die andere Hand auf den eigenen Bauch zu legen und zu spüren: Ich habe genug bekommen, nämlich mein Leben und ich entdecke, dass in diesem Leben, das ich bekommen habe, alles enthalten ist, was ich zu einem gesunden Selbstbewusstsein brauche; ich muss nur erkennen, dass es in mir schon da ist. Und so lernen wir, uns selber zu spüren, in uns selber zu wohnen, unser Leben und die Gefühlswelt in uns anzunehmen.

Drei Sätze sind in diesem Ritus wesentlich:

Liebe Eltern, ich nehme mein Leben von euch an und achte euch als meine Eltern mit dem, was ihr mir gegeben habt, und ich achte euch mit euren Grenzen.

Ich verzichte darauf, das von euch zu bekommen, was ich in der Kindheit an Wahrnehmung, an Aufmerksamkeit und Zuwendung vermisst habe.

Ich erkenne und akzeptiere, dass ihr nicht geben konntet, was ich von euch erwartete, weil ihr selbst es nicht erhalten hattet.

Die ausgestreckten (unsichtbaren) „Sehnsuchtshände“ bewirken Minderwertigkeitsgefühle; das Zurückziehen der Sehnsuchtshände und das rechte „Wohnen“ im eigenen Körper fördert das Selbstwertgefühl.

2. *Sich schützen können*

Wer in der Kindheit durch die eigenen Eltern seelisch verletzt worden ist, hat oft in sich ein bleibendes Gefühl der Ohnmacht, der Wehrlosigkeit, des Ausgeliefertseins und deshalb auch der Minderwertigkeit entwickelt. Ein drastisches Beispiel erzählte ein Mann, der von seinem Vater oft geschlagen worden war und einmal aus Angst vor ihm sogar aus der Familie fliehen wollte; aber zurückgeholt in die Familie musste er neue Schläge und den Spott des Vaters erleben. Manche Menschen mit einem solchen oder ähnlichen Schicksal haben als Erwachsene Minderwertigkeitsgefühle, schlimmer noch, sie entwickeln entweder einen seelischen Schutzpanzer, der sie nach außen gefühllos und hart erscheinen lässt oder sie fühlen sich immer schutzlos ausgeliefert und erfahren sich immer wieder neu verletzt und nicht ernst genommen; und zwar nicht nur von ihren Eltern, sondern auch von ihrer sonstigen Umgebung. Für solche Menschen ist es wichtig, sich schützen zu lernen.

Wie wird ein solcher seelischer Schutz aufgebaut? Als Erwachsener kann man erkennen, dass der Vater, der seinen Sohn quälte, selbst von Ängsten und Minderwertigkeitsgefühlen geplagt ist und dass sein gefühlloses Verhalten gegenüber dem Kind etwas zu tun hat mit der Gefühllosigkeit, die er selbst als Kind erlebt hat. Sobald man erkennt, dass das Problem ein Problem des Vaters ist und dass man als Kind nur zufällig Opfer der Ausdrucksformen dieses ungelösten Problems geworden ist, kann man sich von der typisch kindlichen Überzeugung lösen, das Verhalten des Vaters habe in erster Linie etwas mit dem Verhalten des Kindes zu tun. Man wird von der Meinung befreit, die Schläge des Vaters seien ein Ausdruck der Minderwertigkeit des Sohnes. Nicht weil der Sohn nicht liebenswert war, wurde er geschlagen, sondern weil der Vater keine liebevolle Kindheit erlebt hatte, weil er seine kindlichen Gefühle verdrängt hatte und deshalb kein Gefühl für das Kindsein seiner eigenen Kinder entwickelt hat.

Eine schlimme seelische Verletzung verbaler Art durch Eltern ist der Satz: „Aus dir wird nichts." Sich vor den verheerenden Langzeitwirkungen solcher Sätze zu schützen, erfordert auch hier die Erkenntnis, dass der Vater, der einen solchen Satz zum Sohn sagt, ein Problem mit seiner eigenen Geschichte und wahrscheinlich auch mit seiner Ehefrau hat. Der abwertende Inhalt dieses Satzes gilt meist einem Elternteil des Vaters und dann oft auch der Ehefrau, wenn diese den Sohn auf ihre Seite zieht, ihn als seelische Stütze missbraucht und gleichzeitig dabei den Ehemann abwertet. Wenn das Kind erkennt, dass der Satz eigentlich nicht ihm gilt, dass er nur eine Abreaktion eines Problems des Vaters ist, wird die Wirkung solcher verletzender Sätze neutralisiert.

Eine hilfreiche Übung für seelischen Selbstschutz ist die Vorstellung, dass der eigene Körper ein Haus für das eigene Ich darstellt, für die eigene Seele. Die Haut des Körpers ist analog den Wänden dieses Hauses. Es gibt auch Türen und Fenster. Ich kann aus diesem Seelenhaus herausgehen, mich äußern, Gedanken, Meinungen und Gefühle ausdrücken, also sichtbar machen, was mich innerlich bewegt. Ich kann Leute in mein Haus einladen, ihnen zeigen, was ich erlebt habe, was mir wichtig und wertvoll ist. Ich kann Türen und Fenster schließen, für einige Zeit also ausblenden, was um mich her vor sich geht. Ich kann aber auch die Fenster öffnen und auf mich einwirken lassen, was sich außerhalb ereignet. Entscheidend ist, dass die Türen und Fenster souverän von mir geöffnet und geschlossen werden können, nicht aber von außen durch andere und dass ich es auch bei geschlossenen Türen gut in meiner Wohnung aushalte.

Damit ich auf diese Weise das Haus meines Körpers und meiner Seele gut verwalte, kann ich z. B. durch Atemübungen, wie sie bei verschiedenen Selbsterfahrungskursen angeboten werden, das rechte seelische „Hausmeistersein" trainieren. Wenn wir unseren Körper wahrnehmen können, werden wir entdecken, dass er einen Raum darstellt, und dass dieser Körperraum auch einen seelischen Raum ermöglicht und bewusst machen kann. Dann werden wir verantwortungsvoller mit Offenheit und Verschlossenheit, mit Kontaktbereitschaft und Einsamkeit umgehen können. Dann werden wir auch, wenn es nötig ist, zur rechten Zeit Hilfe von anderen in Anspruch nehmen können und werden unangemessene Erwartungshaltungen von Seiten anderer zurückweisen und enttäuschen können, ohne deshalb Schuldgefühle zu bekommen; wir werden „Nein" sagen können, wo wir „Nein" sagen möchten und fühlen uns nicht mehr in grenzenloser Offenheit ausgeliefert. Wir müssen lernen, auszuhalten, auch einmal von unseren Mitmenschen nicht verstanden zu werden und sie nicht immer verstehen zu können. Entscheidend ist, dass wir aus unserem Nicht-Verstehen-Können keine Abwertung und Verachtung in uns entstehen lassen.

Einige kleine seelische Übungen sind dafür hilfreich:

1. *Der Abgrund und die Verbundenheit zwischen den Menschen:*

Ich stelle mir einen Menschen vor, mit dem ich innerlich verbunden bin. Ich fühle mich auf einer Insel und sehe auch den anderen auf seiner Insel. Ich spüre den Abgrund zwischen uns und die Einsamkeit eines jeden Inselbewohners. Ich versuche wahrzunehmen, was mich mit diesem Menschen verbindet an Zuneigung und Wertschätzung, an gemeinsamen Interessen, an gemeinsamen Erfahrungen. Ich akzeptiere und achte den Abgrund zwischen uns und die dadurch entstehende Einsamkeit als Inselbewohner. Und ich achte und genieße das Gefühl der Verbundenheit. Ich wechsle mehrmals die Wahrnehmung zwischen Abgrund und Verbundenheit und der dadurch entstehenden Gefühle. Ein hilfreicher Satz innerlich zum Gegenüber

gesprochen lautet: *„Ich achte deine Andersartigkeit und es ist nicht nötig, dass du mich immer verstehst, aber ich will mich bemühen, dir das Verstehen zu erleichtern."*
In der Familie oder in einer therapeutischen Sitzung lässt sich diese Übung auch in Anwesenheit der anderen Person vollziehen.

2. *Die Haut als Trennung der Innenwelt von der Außenwelt:*

Ich atme tief aus und lasse den Atem von selbst wieder kommen und spüre dabei, wie sich mein Brustkorb weitet und Raum in mir entsteht. Von dieser Raum-Erfahrung im Brustbereich aus versuche ich, auch meinen Bauchbereich und die Beine und nach oben die Arme, den Hals- und Kopfbereich als Räume meines Körpers wahrzunehmen. Ich bin mein Körper und gleichzeitig empfinde ich diesen Körper in seiner dreidimensionalen räumlichen Ausdehnung wie eine Wohnung. Ich versuche bewusst, diese Körperwohnung zu akzeptieren als die Wohnung meines Ichs und meiner Gefühle und mich darin wohl zu fühlen. Gleichzeitig versuche ich, diesen Körper anzunehmen als eine Dimension meines Ichs, als eine wesentliche Ausdrucksform meines Ichs. Dann spüre ich hin auf die Grenzen, die „Mauern" dieses Seelenhauses, auf die Haut meines Körpers. Ich kann meine Haut wahrnehmen von innen her und ich kann meine Haut wahrnehmen durch die Impulse von außen her, z. B. durch die Temperaturunterschiede, die in meiner Umgebung zu spüren sind. Die Haut, meine Körpergrenze, trennt eine Innenwelt von einer Außenwelt, trennt die Welt meiner Gefühle und Gedanken von der Welt der äußeren Gestaltungsmöglichkeiten, der äußeren Fakten und Ereignisse. Ich stelle mir vor, wie wenig ich von dem nach außen zeige und ausdrücke, was mich innerlich bewegt und beschäftigt. Ich spüre den großen Unterschied zwischen Innenwelt und

Außenwelt. Ich bedenke, was ich in letzter Zeit mitgeteilt, ausgesprochen, in irgendeiner Weise ausgedrückt habe, von dem, was mir innerlich wichtig ist. Und ich bedenke, was ich zurückhalte, was ich verheimliche, was ich für mich behalte. Ich betrachte den Unterschied zwischen meiner Außenwelt und meiner Innenwelt als etwas Natürliches und Sinnvolles. Ich akzeptiere die Welt innerhalb meiner Haut, auch mit ihren Einsamkeiten, und ich akzeptiere die Welt außerhalb meiner Haut, auch mit dem Fehlen all dessen, was die Menschen ihr zum Teil aus Angst, zum Teil aus Vorsicht aus ihrer Innenwelt vorenthalten. Ich bedenke, wie es sich für mich anfühlt, wenn es mir gut gelingt, nach außen sichtbar und vernehmbar zu machen, was mir innerlich wichtig ist, ich bedenke also meinen seelisch-geistigen „Export“ und ich bedenke, wie Dinge, Ereignisse, andere Menschen, also die Welt um mich her auf mich wirken, wie ich sie erlebe, wie tief ich sie hereinlasse oder sie abwehre und draußen halte; ich bedenke also meinen seelisch-geistigen Import. Und als drittes stelle ich mir vor, dass Sende-Pause herrscht, dass ich meine „Türen“ und „Fenster“ einige Zeit dicht mache und nur für mich sein will. Es ist entscheidend, dass ich diese drei verschiedenen „Zustände“ (Export, Import, Sendepause) und ihre Unterschiedlichkeit gut wahrnehmen und akzeptieren kann.

3. Selbstschutz durch bewusste Übernahme einer Rolle im System:

Eine Frau wird seit Jahren von ihrer Mutter immer wieder beschuldigt, gedemütigt und abgewertet. Ihre Mutter verachtet die eigene Mutter und projiziert die Verachtung auf ihre Tochter. Die Tochter ist also das Opfer der Projektionen ihrer Mutter, was ihr aber nicht bewusst ist. Das Verhalten ihrer Mutter empfindet sie als persönliche Abwertung; sie fühlt sich von ihrer Mutter weder geliebt noch

geachtet und bekommt deshalb Minderwertigkeitsgefühle. In der Schusslinie der Projektion ihrer Mutter zu stehen, heißt, dass sie in eine „Rolle“ geraten ist, sie spielt die Oma und gibt damit ihrer Mutter die Möglichkeit, dass diese ihre Entrüstung und ihre seelischen Schmerzen aus ihrer Kindheit an der „Ersatz-Mutter“ abreagieren kann. Die meisten Opfer solcher Projektionen, denen diese Zusammenhänge bewusst werden, möchten die unangenehme Rolle, in die sie geraten sind, sofort abschütteln. Aber das geht nicht gut. Die Lösung liegt darin, diese Rolle für einige Zeit bewusst anzunehmen und sie gleichzeitig aufzudecken. Eine solche Rolle in bewusster Liebe einige Zeit weiterzuspielen, löst Minderwertigkeitsgefühle auf, ermöglicht langfristig ein gesundes Abgrenzungsverhalten und hilft auch dem anderen, das Projektionsverhalten zu erkennen und zu beenden. Wie kann das in diesem Fall praktisch aussehen?
Die Frau legt sich ein Foto der Großmutter am Telefonapparat bereit und wenn sie mit der Mutter telefoniert, steckt sie sich das Bild an die Brust oder hängt es sich um und denkt sich: Ich vertrete bewusst und mit Liebe die Oma, damit die Mutter ihren Zorn ihr gegenüber an mir ausdrücken kann! Ich stelle mich in die Schusslinie ihrer Aggression und Verachtung und damit auch in die Energielinie ihrer Sehnsuchtshände.
Irgendwann versucht sie ihr zu sagen: „Ich achte dich als meine Mutter und ich achte meine Oma als deine Mutter in gleicher Weise, ohne euch beide gäbe es mich nicht. Ich verstehe deinen Zorn gegen deine Mutter und kann etwas von deinem Schmerz mitempfinden für das, was du durch sie erlebt hast. Mama, ich kann dir das nicht ersetzen oder abnehmen, was dir durch deine Mutter gefehlt hat bzw. was du durch sie Schmerzhaftes erlebt hast; ich habe ein Bild von der Oma an meiner Brust, weil ich glaube, dass sie mir hilft, deine Worte besser zu verstehen.“

3. Sich von den Eltern unterscheiden

Wenn unbewusst eine seelische Belastung von Eltern oder anderen Vorfahren übernommen wurde, wie z. B. Angst, Schuldgefühle oder Minderwertigkeitsgefühle, ist es wichtig, sich mit der Geschichte der Vorfahren zu beschäftigen und zu verstehen, was diese erlebt haben. Dann ist es möglich, dass wir entdecken, wo das übernommene Gefühl seinen Ursprung hat, wo es lebensgeschichtlich hin gehört. Aber das Wissen alleine darüber reicht nicht immer aus, die Wirkung einer solchen Gefühlsübernahme aufzulösen, denn die Menschen sind seelisch miteinander verbunden und dies ganz besonders im Verwandtschaftssystem, ohne dass dies immer bewusst ist. Es kommt darauf an, hinzuspüren auf die Geschichte der Vorfahren, Mitgefühl mit ihrem Schicksal zu haben. So erweisen wir ihnen Würdigung und Achtung. In diesem Mitgefühl entdecken wir gleichzeitig den Abstand und den Unterschied zwischen unserem Leben und dem Leben der Vorfahren. Das Mitgefühl ist eine der wichtigsten Brücken seelischer Art zwischen den Menschen. Durch das Mitgefühl löst sich eine unbewusste Identifikation mit dem Schicksal eines Vorfahren; andernfalls ist man in Gefahr, dessen ungelöste Lebensprobleme ein Leben lang im Heute lösen zu wollen, ohne dass dies jemals gelingen kann.

Der therapeutische Satz lautet: *„Ich fühle mit dir, aber ich kann dir dein Problem nicht abnehmen, ich kann es nicht lösen, ich muss es bei dir lassen. Ich achte dich mit deinem Schicksal und werde versuchen, mit dem, was ich von dir bekommen habe, für mein Leben etwas Wertvolles und Sinnvolles daraus zu machen."*

In diesem Bemühen um Unterscheidung zwischen sich und den Vorfahren werden oft Schuldgefühle wach. Es scheint darin ein Liebesentzug enthalten zu sein oder die Verweigerung von Verantwortung. Aber als Kinder laden wir uns oft Verantwortung seelischer Art aus dem Leben unserer Vorfahren auf, ohne dieser Verantwortung gerecht werden zu können. Als Kinder neigen wir nämlich zu Selbstüberschätzung und zum Glauben an grenzenlose Möglichkeiten. Es gehört ein Stück Demut und eine realistische Sicht unserer eigenen Möglichkeiten und Kräfte dazu, um die Grenzen, die unserem Leben gesetzt sind, wahrzunehmen und zu akzeptieren; und es gehört das Wissen dazu, dass Eltern für ihre seelischen Probleme und Lebenssinnfragen selbst Verantwortung tragen und nicht von ihren Kindern von dieser Verantwortung entbunden werden dürfen; sonst lähmen diese ihre eigene seelische Entwicklung und auch die ihrer Eltern.

4. *Aus problematischen Kinderrollen heraustreten*

Manche Kinder sind in die Rolle geraten, ein Elternteil seelisch stark zu stützen, weil z. B. die Mutter sich mit dem Vater nicht so gut verstand und sich deshalb auf das Kind stützte oder weil der Vater ständig krank war und die Tochter viel Mitgefühl und Verständnis für den Vater aufbrachte. Eine solche Helferrolle für einen Erwachsenen überfordert ein Kind, weil es letztlich die Eltern nicht wirklich glücklich machen kann.

Ein erwachsener Mensch spürt zwar erleichtert und froh, dass eines seiner Kinder viel Mitgefühl mit ihm hat; aber ein erwachsener Mensch mit seelischen Problemen, mit denen er selber nicht fertig wird, braucht die Solidarität bzw. die Hilfe eines Erwachsenen. Die Liebe eines Kindes allein kann einen Erwachsenen nie ganz zufrieden stellen, ihn seelisch nicht genügend „ernähren"; denn er spürt, dass er dabei selbst zurückfällt auf die Ebene des Kindseins. Weil er ein Kind in die helfende Rolle drängt, bürdet er ihm die Rolle von Ersatzeltern für sich auf. Da dies für den Erwachsenen, auch wenn es ihm nicht bewusst sein sollte, unbefriedigend ist und er dadurch Minderwertigkeitsgefühle bekommen kann, spürt ein mitfühlendes Kind gerade auch solche Minderwertigkeitsgefühle. Es bekommt den Eindruck: Wie sehr ich mich auch bemühe, ich schaffe es nicht, ihn wirklich glücklich zu machen, seine Probleme wirklich zu lösen. So kann im Kind ein bleibendes Muster von Vergeblichkeit, von seelischem Verbluten und von Hilflosigkeit entstehen.

Da solche Personen, die oft sehr freigebig und hilfsbereit sein können, aber ihre Mitmenschen aus der Perspektive einer Mutter oder eines Vaters betrachten, sehen sie auch sonstige Mitmenschen sehr schnell als bedürftige Kinder. „Helferrollen" sind also problematische Kinderrollen, sind aber eigentlich unbewusste Übervater- bzw. Übermutter-Positionen mit einer sensiblen Wahrnehmungsfähigkeit für die Nöte der Mitmenschen, aber mit einer gewissen Blindheit gegenüber einer realistischen Sicht der eigenen Verantwortung und der eigenen Grenzen. Solche Personen haben in der Kindheit Aufmerksamkeit und Wahrnehmungsfähigkeit für die Sorgen von Vater oder Mutter eingeübt, aber nicht das gelernt, was für ein Kind besonders wichtig ist: die eigenen Gefühle zu entdecken und durch die eigenen Gefühle den eigenen Platz in der Welt und die eigene Originalität. Die Selbstwahrnehmung und damit eine gesunde Selbstwertschätzung, die unabhängig ist von dem, was man für andere leistet, konnte sich kaum entwickeln. Selbstwertgefühl ist bei ihnen abhängig von dem, was sie für die Mitmenschen zu tun in der Lage sind. Das kann natürlich große Probleme in Krankheit und im Alter schaffen, wenn die eigene Leistungsfähigkeit abnimmt.

Um aus diesem Muster von Verausgabung, von überfordernder Hilfsbereitschaft, aber auch von einer oft unbewussten Haltung der Arroganz und der Verachtung gegenüber den anderen herauszukommen, ist es wichtig, die eigenen Eltern als die „Größeren" zu sehen und zu ehren, sich selbst als das empfangende und beschenkte Kind zu verstehen und den Trauerschmerz über die geopferten Kindheitsjahre zuzulassen.

(In meinem Buch „Die Geburt des ICH" habe ich folgende elf weitere problematische Rollen näher beschrieben, in die Kinder durch die jeweilige Psychodynamik ihrer Familie geraten können: die Tarnkappen-Rolle; die Sündenbock-Rolle; die Bindeglied-Rolle; die Richter-Rolle; die Geisel-Rolle; die Partner-Rolle; die Eltern-Rolle; die Liebhaber-Rolle; die Rächer-Rolle; die Ersatz-Rolle; das Lieblingskind.)

Ein hilfreicher Ritus dazu:

Ich stelle mir meine Eltern vor mir sitzend oder stehend vor und sage zu ihnen:

„Ihr habt mir das Leben gegeben. Ihr seid die Gebenden, ich bin der/die Empfangende. Ihr seid die Größeren, ich bin der/die Kleinere. Ihr seid vor mir, ich komme nach euch. Ich achte euch als meine Eltern und nehme mein Leben von euch beiden an. Als meinen Vater und meine Mutter achte ich euch in gleicher Weise als die Menschen, durch die mein Leben geworden ist. Auch wenn meine Gefühle zu euch beiden unterschiedlich sind, in meiner Achtung als Eltern steht ihr auf der gleichen Stufe über mir.

Wenn ich für euch beide oder für einen von euch in meiner Kindheit und auch später versucht habe, Ersatzeltern oder einen Ersatzpartner zu spielen, so möchte ich mich nun von dieser Rolle verabschieden und die Verantwortung an euch zurückgeben. Ich bitte meine Großeltern um ihren Segen für euch und auch für mich, damit ihr eure Verantwortung für euch selbst erkennt und wahrnehmt und dass ich mein eigenes Leben und meinen eigenen Lebenssinn erkenne und verwirkliche. Ebenso bitte ich euch um euren Segen für mich, damit ich die Originalität meines Lebens erkenne und aus meinem Leben etwas Wertvolles mache. Ihr seid die Mittler Gottes für mein Dasein, ich bin nicht nur euer Kind, ich bin ein Kind Gottes und ein Kind der Mutter Erde und möchte meinen Platz in dieser Welt finden und meine Aufgaben in und für diese Welt erfüllen."

War man in der Helferrolle zwischen die Eltern geraten, als Stütze des einen gegen den anderen, so lautet ein notwendiger heilender Satz:

„Mama, ich nehme den Papa an als meinen Papa."

bzw. umgekehrt: *„Papa, ich nehme die Mama an als meine Mama."*

Solche Aussagen können ein Elternteil sehr verletzen, wenn man bisher solidarisch war mit dem einen Elternteil gegen den anderen, der in der Partnerbeziehung sehr dominant und bevormundend war. Diese Aufkündigung der Solidarität mit einem Elternteil führt zur seelischen Geburt des eigenen Ichs. Die Geburtsschmerzen darf man den Eltern nicht ersparen, sonst leiden langfristig alle Beteiligten.

Wer diese seelische Geburt nicht schafft, fühlt sich innerlich immer wieder zappelig und ist leicht zu verunsichern. Wer stark unter Lampenfieber leidet, wenn er vor einem öffentlichen Auftritt steht, sollte hinspüren, ob beide Elternteile in ihm einen guten Platz haben, denn sonst ist er in Gefahr, aus Solidarität mit dem einen Elternteil in unbewusster kompensatorischer Absicht einen ehrenvollen Auftritt zu wagen, in unbewusster Solidarität mit dem verachteten Elternteil spürt er eine innere Tendenz zu versagen und deshalb eine entsprechende Angst. Die unbewusste Logik lautet: Ich schaffe es nicht wirklich auf diese Weise, die Probleme meiner Eltern zu lösen, ich mache hier einen Job, der mich grundsätzlich überfordert. Wer seine Eltern nicht in gleicher Weise achtet, kann merkwürdige Ängste und Minderwertigkeitsgefühle entwickeln, wenn er mit besonderen Aufgaben konfrontiert ist.

Auch wenn Schüler und Studenten klagen, dass sie viel und intensiv gelernt haben und anschließend in der Schularbeit bzw. in der Prüfung versagen, liegt die tiefere psychodynamische Ursache oft in der einseitigen Solidarität mit einem Elternteil gegen den anderen.

Besonders dramatische Ausmaße kann das Problem in der Berufs- und Wirtschaftswelt annehmen. Es wäre für die Mitglieder der Industrie- und Handelskammer ebenso wie für die Mitglieder der Handwerkskammer hilfreich, die Insolvenz-Fälle in ihren Reihen daraufhin untersuchen zu lassen, wie häufig psychodynamische Hintergründe mit dem hier besprochenen Muster für einen wirtschaftlichen Absturz eines Unternehmers verantwortlich sind.

Ich kenne jedenfalls mehrere Beispiele von Personen, die sich beruflich selbständig machten, vielleicht auch aus Trotz und Stolz, um „es dem Vater zu zeigen“, der dem Sohn früher sagte „aus dir wird nichts“. Wenn die berufliche Karriere begleitet bleibt von innerer Abwertung und Verachtung gegenüber dem Vater, ist ein späterer Absturz auf der Karriere-Leiter sehr wahrscheinlich, denn dann wirkt die unbewusste Liebe zum Vater langfristig mächtiger als die bewusste Anstrengung; und die unbewusste Liebe zum Vater lebt nach dem Motto: „Vater, du sollst recht behalten“. Die Aufhebung der Verachtung in der Seele des Sohnes und die bewusste Annahme des Lebens vom Vater bewirkt die Aufhebung der Wirkung von destruktiven Worten des Vaters.

Auch bei Kleptomanie gibt es einen ähnlichen psychodynamischen Hintergrund:

Die krankhafte Diebstahlsucht kann das unbewusste Sich-Holen eines Ersatzes für die nicht erhaltene seelische Achtung von einem Elternteil sein. Systemisch betrachtet kann das Kind auch stellvertretend handeln für das seelische Defizit, das z. B. die Mutter erlebt hat. Der Sohn kann also das Minderwertigkeitsgefühl der Mutter übernehmen und stellvertretend für sie klauen.

5. *Die Gegensätzlichkeit der Gefühle in sich akzeptieren*

Der Abbau von Minderwertigkeitsgefühlen braucht den Abbau von seelischen Mauern, von Verbotsschildern und Tabus, die wir gegenüber bewerteten Gefühlen in unserer

Seele aufgebaut haben und die den natürlichen Fluss und die organische Abfolge (Gefühlssukzession) behindern.

Die Seelenlandschaft vieler Menschen ist vergleichbar mit der politischen Ordnung in Deutschland am Anfang des 19. Jahrhunderts. Hunderte verschiedener Herrschaftsbezirke mit ihren Zollgrenzen, mit ihren unterschiedlichen Gesetzen und Geldsystemen behinderten damals den freien Verkehr für Berufe, für Reisende und Wirtschaftsgüter. In ähnlicher Weise ist die Seelenlandschaft mancher Menschen zerstückelt in viele Teilbereiche und der innere Zusammenhang und das Wechselspiel der Gefühle sind blockiert durch viele Grenzen, Bewertungen und Tabus.

Die Angst vor Gefühlen führt zu deren Unterdrückung und raubt einem die innere Orientierung. Die Minderwertigkeitsgefühle, die dadurch entstehen, können wir nur überwinden, wenn wir Abschied nehmen von der Bewertung der Gefühle und damit von der Verteufelung von Gefühlen wie Zorn, Hass, Neid, usw. Wir müssen unterscheiden lernen zwischen einem Gefühl, wie wir es innerlich empfinden und wie wir es zum Ausdruck bringen für andere.

Zorn kann man in Form von Aggressionen und Beleidigungen gegenüber den Mitmenschen äußern, oder aber, indem man klar und nachdrücklich mitteilt, dass man zornig ist und warum man zornig ist. Die letztgenannte Äußerung des Zorns kann ein Unrecht aufdecken, kann Kräfte mobilisieren, um vorhandene Probleme zur Kenntnis zu nehmen und nach Wegen der Lösung zu suchen.

Mit jeder Gefühlsenergie kann man also konstruktiv oder destruktiv umgehen. So sind auch belastende und bedrohliche Gefühle für uns keine Feinde, sondern Signale, die uns helfen wollen, unser Leben besser zu verstehen und sinnvoll zu gestalten. Wir können aber ein Gefühl nur verstehen, wenn wir es innerlich zulassen und erspüren, was es uns sagen will. Manchmal können gegenüber demselben Menschen in uns Gefühle der Wertschätzung und Liebe und kurz darauf Zorn und Entrüstung aufsteigen. Es ist wichtig, dass wir diese verschiedenen Anteile, die es in der Beziehung zum selben Menschen geben kann, akzeptieren und zulassen können. Es bewahrt uns davor, die einen Menschen zu verteufeln und die anderen heilig zu sprechen, sondern jeden in der Vielgestaltigkeit und auch Widersprüchlichkeit seines Wesens als Ganzes wahrzunehmen und zu achten. Und es hilft auch, uns selbst in der Vielgestaltigkeit und Gegensätzlichkeit der eigenen Emotionen und Stimmungen zu akzeptieren.

Es ist ein Irrtum zu meinen, Zorn und Hass würden zwangsläufig Liebe und Verbundenheit zerstören. Es stimmt nicht, dass Liebe das Gegenteil von Hass ist, sondern wenn wir mit allen Gefühlen, mit Zorn, Hass, Wut, Abneigung, usw. ehrlich, aber ohne verletzende Absicht umgehen, werden wir entdecken, dass Wertschätzung, Verbundenheit und Liebe wachsen. Wenn wir aber Zorn, Wut und Hass verteufeln und meinen, sie zerstörten die Liebe, dann werden wir tatsächlich die Liebe schwächen. Die Liebe braucht als wesentliches Element die Ehrlichkeit eines Menschen sich selbst gegenüber und damit auch seinen Gefühlen gegenüber.

Eine hilfreiche kleine Übung:

Bei starken oder unangenehmen Gefühlen sage ich mir innerlich:

„Ich stelle fest, dass mir dieser Menschen ziemlich viel Angst einflößt." Oder:

„Ich spüre eine Wahnsinns-Wut gegen diesen Menschen." Oder:

„Ich empfinde diesem Menschen gegenüber eine starke Zuneigung." Oder:

„Ich spüre Verachtung, Ekel, Ablehnung gegenüber diesem Menschen."

Das bewusste zur Kenntnis nehmen und Akzeptieren solcher Gefühle hilft mir, diese nicht unmittelbar abzureagieren und den anderen in negativer Weise spüren zu lassen, sondern sie in mir „anzuschauen" und ihren Ursprung bzw. ihre Botschaft verstehen zu lernen. Vor allem hilft es mir, mich selbst auch mit unangenehmen und belastenden Gefühlen zu akzeptieren und Schuld- oder Angstgefühle nicht übermächtig werden zu lassen. Mein Selbstwertgefühl wird enorm wachsen, wenn es mir gelingt, meine aggressiven Gefühle nicht mehr in destruktiver Form auszuleben, sondern mit ihren Energien und Botschaften konstruktiv umzugehen. Ebenso kann ich Minderwertigkeitsgefühle abbauen, wenn ich lerne, auch lähmende Emotionen wie Angst- und Schuldgefühle, auszuhalten und ihre Botschaften zu verstehen.

6. *Verstorbene verabschieden*

Wir haben gesehen, dass für ein Kind der Tod einer Bezugsperson eine seelische Überforderung darstellt, die dazu führt, dass die Trauer verdrängt wird. Diese Verdrängung beeinträchtigt in erheblichem Maße das gesamte Gefühlsleben. Die Angst und die Unsicherheit gegenüber Gefühlen, die uns dann auch noch im Erwachsenenalter zu überfallen drohen, lösen Minderwertigkeitsgefühle aus. Um davon frei zu werden, ist es notwendig, die ungelebte Trauer nachzuholen. Nicht nur in der Kindheit kann schmerzhafte Trauer zu einem Problem werden, auch bei Trauerfällen, die wir als Erwachsene erleben, gibt es viele mögliche Umstände, die den Weg der Trauer blockieren können, die zur Gefühlsverdrängung führen und dann Minderwertigkeitsgefühle auslösen. Besonders häufig geschieht dies, wenn jemand durch Selbstmord aus dem Leben geschieden ist oder wenn ein Kind gestorben ist oder wenn starke Schuldgefühle oder Schuldzuweisungen mit einem Todesfall verbunden sind. Auch wenn man in einem Trauerfall nicht schwach sein darf, wird die Trauer nicht gelebt.

In einer Familie mit fünf Kindern starb die Mutter. Das jüngste Kind war ein Jahr alt. Der Mann kam nicht zum Trauern, denn er musste jeden Tag schauen, wie er seine Kinder versorgen konnte.

Wieder anders stellt sich das Problem, wenn die ungelebte Trauer eines Erwachsenen von einem Kind in der Familie übernommen wird. Da auch diese überfordernde Gefühlsbelastung Minderwertigkeitsgefühle verursachen kann, sollte jemand, der unerklärliche Minderwertigkeitsgefühle in sich trägt, überlegen, ob er selbst seine verstorbenen Angehörigen in rechter Weise verabschiedet hat oder ob vor seiner Lebenszeit ein Vorfahre nicht verabschiedet worden ist.

Im ersten Fall geht es darum, die Verabschiedung nachzuholen, in ehrlicher Weise die verschiedenen Aspekte der eigenen Beziehung zum Verstorbenen bewusst zur Kenntnis zu nehmen, also das Angenehme wie auch das Belastende und Verletzende sich einzugestehen. Ferner das Leben und Sterben des Toten als Ganzes zu achten, aus seinem Schicksal zu lernen und nach dem Weg der Trauer in sein Sterben einzuwilligen.

Im zweiten Fall gilt es, mitfühlend auf den Menschen hinzuschauen, dessen Gefühle man übernommen hat und in Achtung seines Schicksals die Gefühle dort zu lassen, wo sie hingehören, d.h. der Person zu lassen, der sie gehören. Wenn es sich bei der Quelle übernommener Gefühle nicht um Vater oder Mutter handelt, sondern, wie es manchmal vorkommen kann, um eine andere Person im Verwandtschaftssystem, dann ist eine Familienaufstellung der schnellste und sicherste Weg, diese Person ausfindig zu machen und durch einen geistig-seelischen Kontakt mit ihr das Problem zu lösen.

Wird der Weg des Abschiednehmens vom Verstorbenen nicht beschritten und wird das Einwilligen in seinen Tod am Ende des Trauerweges nicht vollzogen, entsteht eine langfristig belastende Beziehungsverstrickung zwischen Lebenden und Toten, durch die eine bewusste oder unbewusste Todessehnsucht ausgelöst werden kann; Siegmund Freud nannte es Todestrieb. Diese Todessehnsucht mindert das Gespür für die Werthaftigkeit des Lebens und für die Wahrnehmung der Möglichkeiten und Sinngehalte des Daseins und auch dies schafft bei manchen Menschen tiefe Minderwertigkeitsgefühle.

Da die Minderwertigkeitsgefühle bei einer Mutter, die ein Kind verloren hat, besonders belastend sind, hier dazu einige Bemerkungen zur Trauer und zur Verabschiedung eines verstorbenen Kindes:

Die Frau erlebt sich als Mutter in besonderer Weise als Gebende und das Kind als das schlechthin Bedürftige, als das empfangende Wesen. Sie will geben und das Ziel ihrer Liebe lebt nicht mehr. Im Bewusstsein und Gefühl der Mutter bleibt auch nach dem Tod des Kindes das Beziehungsmuster: „Ich, die große Mutter, du das kleine Kind“, erhalten.

Aber die Tatsachen haben sich geändert. Das Muster existiert in der Realität nicht mehr. Das Kind ist nicht mehr bedürftig. Es ist durch den Tod „größer“ als die Mutter, ist ihr durch den Reifungsprozess, der im Tod enthalten ist, voraus.

Die Mutter kann das aus der Gefühlslogik des Mutterseins nicht erkennen. Sie braucht eine spirituelle Erfahrung, die auf einer anderen seelischen Ebene liegt. Es geht darum, das Kind als das „größere“ und sich selbst als die „kleinere“ wahrzunehmen. Nicht mehr Mitleid und tiefes seelisches Bedauern um die ungelebten Möglichkeiten des Kindes sind entscheidend für die bleibende Liebe zwischen Mutter und Kind, sondern die Achtung vor dem Kind, vor seinem Leben und Dasein, vor seinem Schicksal, auch vor seinem Tod.

Die Wandlung vom Mitleid zur Achtung verändert das Beziehungsmuster von der großen gebenden Mutter zum kleinen, bedürftigen, empfangenden Kind in die umgekehrte

Richtung. Das Kind wird zum größeren seelischen Wesen, es kann geben und die Mutter kann empfangen, indem sie das Kind um den Segen bittet für sich und ihre Familie.

(Ausführlicher zum Thema „Trauer und Verabschiedung" in: Manfred Hanglberger, „Tränen, die heilen".)

7. Im Verwandtschaftssystem jeden dazugehören lassen

Wenn es im Verwandtschaftssystem jemanden gibt, der ausgegrenzt oder verachtet ist, als schwarzes Schaf gilt, über den man lieber nicht redet oder der erst wieder auftaucht, wenn systematische Familienforschung betrieben wird, dann ist die Wahrscheinlichkeit sehr groß, dass einer der Nachfahren unbewusst mit ihm solidarisch ist.

Diese Solidarität schafft Minderwertigkeitsgefühle, da sie in unbewusster Weise Gefühle des abgewerteten Verwandten übernimmt und durch diese Gefühlsbesetzung die Beziehung zum eigenen Wesen blockiert wird. Die Lösung bei diesem Problem ist, sich mit der abgewerteten Person innerlich zu verbünden und versuchen herauszubekommen, warum sie in diese Rolle geraten ist. Sie war nicht „boshaft", sie war kein „minderwertiger Mensch", sie war in eine Rolle geraten, die sie überforderte. Es geht darum, diese Person innerlich als Mitglied in dieser Verwandtschaft dazugehören zu lassen.

Eine hilfreiche Übung:

Ich stelle mir die im Verwandtschaftssystem abgewertete oder ausgegrenzte Person vor und sage zur ihr:

„Du gehörst auch zu uns dazu, ich versuche dein Leben, dein Schicksal, deine Belastungen und Verstrickungen und deine Rolle, in die du in unserem Verwandtschaftssystem geraten bist, ein Stück zu verstehen. In meinem Denken und Fühlen sollst du einen guten Platz bekommen."

Ist die betreffende Person noch am Leben, ist es ratsam, mit ihr durch einen Telefonanruf oder einen Besuch direkt in Beziehung zu treten. Es ist darauf zu achten, ehrliches Interesse und Anteilnahme am Schicksal dieses Menschen zu zeigen, aber weder sich mit seiner Rolle zu identifizieren noch von ihm sich vereinnahmen zu lassen. Sollte diese Person bereits verstorben sein, wäre es möglich, sie um den Segen für das eigene Leben zu bitten und sich von ihr befreien zu lassen von einem eventuell vorhandenen Zwang, „für sie leben zu wollen".

8. Menschen des Vertrauens suchen

Minderwertigkeitsgefühle gehen oft Hand in Hand mit einem Gefühl des Misstrauens gegenüber den Mitmenschen. Man glaubt, keinen guten Platz in deren Gefühlen und Gedanken zu haben. Wer sich selbst gering achtet, vermutet, auch bei seinen Mitmenschen nicht viel zu gelten.

Deshalb verstecken sich solche Menschen oft vor den anderen, ziehen sich zurück und grübeln nicht selten darüber nach, was die anderen von ihnen denken könnten. Sie kommen dabei manchmal auf abstruse Ideen, deuten nebensächliche Worte und Ereignisse als Beweise für die negative Einstellung der Mitmenschen ihnen gegenüber.

Einsamkeit und die Reduzierung mitmenschlicher Kontakte können Minderwertigkeitsgefühle enorm verschlimmern.

Aus therapeutischer Sicht liegt das Problem oft daran, dass solche Menschen schmerzhafte Erfahrungen mit ihren Eltern später auf ihre Mitmenschen projizieren. Es kann sein, dass man in der Kindheit von den Eltern viel allein gelassen wurde, dass man keinen Gesprächspartner in Erfahrungen von Angst und Unsicherheit hatte oder man erlebte ein ständiges Bewertetwerden, die Eltern hatten ständig etwas an einem auszusetzen, man sollte immer anders sein als man war, andere Geschwister oder die Kinder in der Nachbarschaft oder Verwandtschaft wurden einem ständig als Vorbilder präsentiert; solche Erfahrungen lassen einen später immer wieder am eigenen Selbstwert zweifeln und lassen das Misstrauen aufkommen, dass alle anderen Menschen mich auch so negativ sehen, wie die eigenen Eltern mich in meiner Kindheit gesehen haben. Rückzug und Verschlossenheit haben solche Menschen oft schon als Kinder eingeübt, mit dieser Reaktion sind sie ein Leben lang vertraut.

Ob die eigenen Minderwertigkeitsgefühle eine so belastete Geschichte haben oder ob die Ursachen anderswo liegen, es ist im Kampf dagegen immer wichtig, Menschen zu suchen, denen man vertrauen kann, mit denen man seine Fragen und Ängste, seine Sehnsüchte und Hoffnungen austauschen kann. Entscheidend dabei ist, darauf zu achten, dass solche Beziehungen gleichberechtigt und ausgewogen gestaltet werden, dass man sich nicht gegenseitig überfordert, dass man nicht den anderen in eine sehr einseitige Ersatz-Elternrolle drängt und dann verletzt und beleidigt reagiert, wenn er diese Rolle nicht spielen will oder nicht spielen kann. Beziehungen der Freundschaft brauchen liebevolles und phantasievolles Bemühen um Gelassenheit, brauchen Vertrauen, Gewährung von Freiheit und Dasein füreinander, einen Vorschuss an Vertrauen und ehrliche Auseinandersetzung bei Missverständnissen und Ungerechtigkeiten. In einer solchen Beziehung kann man erleben, dass man mit der ganzen Bandbreite und Gegensätzlichkeit seiner eigenen Gefühle vom anderen Verständnis erlebt und geachtet bleibt.

Vertrauensbeziehungen erleben wir, wenn wir mit Menschen zu tun haben, die sich nicht gegenseitig in das Schubladensystem ihrer bewertenden und abwertenden Urteile stecken, sondern einem einen Vorschuss an Wertschätzung entgegenbringen und diese auch in Konfliktsituationen noch bewahren. Da fühlt man sich innerlich frei und kann leichter zu sich und seiner augenblicklichen Gefühlslage ja sagen. Diese Freiheit ermöglicht es, seine Gefühle zuzulassen, sie gelassener wahrzunehmen und zu akzeptieren und sich dann auf die Suche zu machen, wodurch diese Gefühle verursacht sein könnten, was sie einem sagen wollen, welche Botschaften sie enthalten. Mit den Erkenntnissen der systemischen Familientherapie wird man dabei diese Gefühle nicht nur als Signale über die Qualität des aktuellen mitmenschlichen Beziehungsnetzes verstehen, sondern auch über die Kindheit oder über die eigenen Verwandten. Gefühle wollen uns immer helfen, dass Leben tiefer zu verstehen: die Gegenwart, die eigene Vergangenheit und die Verbundenheit mit dem Schicksal der Vorfahren.

Damit sich dieser positive und konstruktive Umgang mit den Gefühlen entfalten kann, ist es nicht immer notwendig, einen verständnisvollen Berater oder Therapeuten aufzusuchen. Die bezahlten Seelenhelfer wären für die Fülle der emotionalen Überreaktionen und Konflikte zu teuer, um eine menschlichere Welt auf breiter Ebene zu schaffen. Deshalb gehört es zu den wichtigsten Aufgaben für eine menschenwürdige Lebensgestaltung, Beziehungen des Vertrauens und der gegenseitigen Verbundenheit aufzubauen, also gute Freunde zu suchen, vor allem dadurch, dass man sich selbst als guter Freund für andere zeigt und bewährt. Dafür ist sicher vor allem die Fähigkeit des Zuhörens und der Anteilnahme wichtig, aber auch die Fähigkeit sich mitzuteilen, von der Bandbreite der eigenen Lebenserfahrungen und Gefühle zu sprechen, ohne sich damit aufdrängen zu wollen oder damit anzugeben. Grundlegend aber ist der Verzicht auf bewertendes, urteilendes oder gar verächtliches Denken und Sprechen, die Achtung vor den Gefühlen und Erfahrungen des anderen auch dort, wo man nicht alles mitvollziehen und verstehen kann.

9. Die Selbstwahrnehmung steigern und eigene Kreativität entwickeln

Bei den bisherigen Punkten zur Überwindung von Minderwertigkeitsgefühlen ging es jeweils darum, den inneren seelischen Raum von emotionalen Besetzungen zu befreien, die durch die besondere Fähigkeit des Menschen zum Mitgefühl möglich sind. Aber das Mitgefühl, diese den Menschen wahrhaft „menschlich" machende Fähigkeit kann auch dazu führen, dass wir uns auf bewusste und unbewusste Weise von den Gefühlsenergien anderer Menschen so sehr besetzen lassen, dass der seelische Raum für die Verarbeitung unserer eigenen Erfahrungen zu eng wird. Ein gesundes Selbstwertgefühl aber hat damit zu tun, dass unser seelischer Raum für uns selbst groß und weit ist, dass darin eine große Vielfalt, ja auch Gegensätzlichkeit von Gefühlen, von inneren Bildern und Phantasien nebeneinander Platz haben, dass wir uns innerlich vielfältig bewegen können, dass wir ohne Angst weit zurückgehen können in unsere Vergangenheit und dass wir vorauswandern können in das noch unwirkliche Gebiet unserer Zukunftsvisionen, unserer Hoffnungen und Sehnsüchte.

Der Abbau von Minderwertigkeitsgefühlen bedeutet also eine Entrümpelung und Räumung unseres seelischen Raumes von Belastungen und Aufgaben, die uns nicht zustehen oder uns nicht angemessen sind. Dann können wir zufriedener und glücklicher in uns selbst zu Hause sein. Um in sich selbst in rechter Weise wohnen zu lernen und die Gefühle, die zur eigenen Lebensgeschichte gehören, wahrzunehmen, ist es hilfreich, durch Selbsterfahrungskurse die Selbstwahrnehmung zu steigern; autogenes Training, Yoga, Atemtechniken und ähnliches können dafür wertvolle Wege sein.

Der Abbau von Minderwertigkeitsgefühlen ist nicht völlig identisch mit dem Aufbau eines Selbstwertgefühls. Der Abbau von Hindernissen und Belastungen ist nicht identisch mit der Entwicklung einer bunten, sprudelnden Lebendigkeit im Leben der Seele. Der geschaffene Freiraum muss nun genutzt werden; aber so, dass es nicht zu neuen Fremdbesetzungen kommt. Der geschaffene Rahmen darf nicht ungenutzt bleiben und darf nicht willkürlich fremd genutzt werden. Er muss Entfaltungsraum der eigenen Originalität, des eigenen Wesens werden. Dafür gilt es, die eigene Originalität zu entdecken, die eigenen Talente, Fähigkeiten und Anlagen aufzuspüren, zu kultivieren und zu entfalten. Da gibt es Leute, die besuchen einen Malkurs oder werden Kursleiter für Autogenes Training oder leiten einen Gesprächskreis für allein erziehende Mütter oder basteln zu Hause jahreszeitlich aktuellen Zimmerschmuck oder besuchen im Altenheim pflegebedürftige Menschen oder engagieren sich in einem Eine-Welt-Arbeitskreis oder im Tierschutz oder betreiben Familienforschung und beschenken mit den Ergebnissen alle Verwandtschaftsmitglieder oder …

Oft muss man einfach verschiedenes ausprobieren, um zu entdecken, was einem wirklich Freude macht, was starkes Interesse weckt und Energien freisetzt, sich intensiver mit einem Thema, mit einer Aufgabe zu beschäftigen. Wichtig ist auch, dass man es nicht nur für andere machen will, sondern weil es einem selber Freude bereitet. Es ist ein großer Vorteil bei vielen ehrenamtlichen Engagements, dass man dabei meist mit anderen Menschen Kontakt findet, die sich in ähnlicher Weise engagieren. Gerade diese Solidarität zu Gunsten einer guten Sache schafft oft leichter eine Basis für Beziehungen des Vertrauens, für gegenseitige Offenheit und Wertschätzung. Wo gemeinsame Werte und Aktionen uns mit anderen verbinden, wächst das Selbstwertgefühl und andererseits lassen sich dabei oft auch sehr persönliche Gefühle, Erfahrungen und Probleme miteinander austauschen. Bedrückende Einsamkeit, depressive Stimmungen, Trauer und Minderwertigkeitsgefühle lassen sich so leichter überwinden und das Selbstwertgefühl entsprechend in sehr nachhaltiger Weise steigern. Wichtig dabei ist, dass die Motivation für das ehrenamtliche Engagement einerseits aus dem persönlichen Gespür für die Probleme unserer Zeit und andererseits durch die Entdeckung der eigenen Fähigkeiten und Möglichkeiten erwächst. Problematisch wird es, wenn der Hunger nach Anerkennung und Dankbarkeit im Vordergrund der Beweggründe für solches Engagement steht, denn dann drängen wir die Menschen, denen wir dort begegnen, vielleicht in eine Ersatz-Eltern-Rolle.

10. Kompensationen erkennen und überwinden

Wie im Kapitel über Kompensationen dargestellt, können Minderwertigkeitsgefühle verdrängt sein. Aber gespeist von der unbewussten Angst, nichts wert zu sein, können Kompensationen enorme Energien freisetzen. Es sind Energien, die in Aufmerksamkeit, in Fleiß, in Ausdauer, in Kreativität, in Aktivität, aber auch in Gewalt und andere Formen destruktiven Verhaltens umgesetzt werden können. Die positiven Erscheinungsformen dieser Kompensationen haben eine Schattenseite, weil die angestrebten Werte und Ziele mit einer solchen Vehemenz verfolgt werden, dass auf dem Weg zu ihnen oft extreme Einseitigkeiten in der Lebensgestaltung und auch im Umgang mit Mitmenschen entstehen können. Und dies deshalb, weil die angestrebten Werte und Ziele so bedeutungsvoll, ja unersetzlich erscheinen für das angeschlagene Selbstwertgefühl dieser Menschen. Diese negativen Begleiterscheinungen und Nebenwirkungen lassen sich nur vermeiden, wenn auf dem Weg der Verwirklichung ihrer Werte auch Gelassenheit, Selbstvertrauen und eine angemessenen Balance zwischen Selbstliebe und Nächstenliebe und eine realistische Sicht der eigenen Grenzen sich entwickeln kann. Aber genau diese Voraussetzungen beinhalten die Aspekte eines gesunden Selbstvertrauens. Man kann aber nicht mit dem Appell an das Selbstvertrauen Minderwertigkeitsgefühle beseitigen. Deshalb gilt es, in diesen verschiedenen Kompensationsformen das verborgene Minderwertigkeitsgefühl aufzuspüren, es sich bewusst zu machen, sich selbst damit zu bejahen, also zu akzeptieren, dass es zum eigenen Wesen dazugehört. Dann erst kann man sich auf den Weg machen zu erkennen, wodurch das Minderwertigkeitsgefühl bei einem selbst verursacht ist. Nur die Heilung der Ursachen kann dieses Gefühl überwinden.

Wer aber Minderwertigkeitsgefühle direkt bekämpfen will, dem gelingt es meist nur, sie zu verdrängen und dadurch unbewusste Kompensationsformen zu produzieren. Eine Heilung aber an der Wurzel der Minderwertigkeitsgefühle kann die positiven Kräfte der Kompensationsformen wie z. B. Freigebigkeit, Gewissenhaftigkeit, Fleiß, Sensibilität usw. bewahren und in das Ganze der Lebensgestaltung so integrieren, dass die problematischen Nebenwirkungen minimalisiert werden.

Es sind oft Kompensationsformen von Minderwertigkeitsgefühlen, die Menschen zu großartigen Leistungen, zu außergewöhnlicher Kreativität, zu überragender Sensibilität befähigen. Menschen, bei denen man geradezu von einer „Berufung“, von einer „außergewöhnlichen Begabung“ oder von „Genialität“ spricht, haben ihre Kompensationsform gereinigt und kultiviert, haben die darin geweckte Energie positiv einzusetzen gelernt.

Ich bin überzeugt, bewusste und unbewusste Minderwertigkeitsgefühle gehören zu den mächtigsten Antriebskräften für außerordentliche Leistungen in der Politik, in der Wirtschaft, in der Kunst, im gesamten kulturellen Sektor einer Gesellschaft. In den Minderwertigkeitsgefühlen schlummert die ungeheuere Sehnsucht des Menschen „etwas zu sein“, etwas wert zu sein, ein sinnvolles, einzigartiges, liebenswertes Leben führen zu können, ebenso die Sehnsucht, wahrgenommen, beachtet und geachtet zu sein mit der eigenen Originalität, die im eigenen Wesen und Dasein verborgen liegt und „zur Welt kommen“ will. Deshalb ist es so wichtig, Minderwertigkeitsgefühle zu erkennen, sie zu verstehen und „gut“ mit ihnen umzugehen.

V. Der spirituelle Weg

Es gibt in der griechischen Mythologie die Vorstellung vom „Neid der Götter" gegenüber erfolgreichen und glücklichen Menschen. Der selbstbewusste, stolze Mensch erscheint dort als Rivale der Götter. Spuren dieses Denkens muss es wohl auch im Christentum geben, denn in den Dokumenten des II. Vatikanischen Konzils betont die Katholische Kirche, dass der technische Fortschritt, der ja das Selbstbewusstsein und die Lebensqualität enorm gesteigert hat, nicht im Widerspruch stehe zum Willen Gottes, dass die Erweiterung der Macht und der Möglichkeiten des Menschen durchaus im Sinne heilsgeschichtlicher Vorstellungen der Kirche seien.

Aber es gibt eben auch die anderen Traditionen in christlicher Religiosität. Es gibt fromme Menschen, die es als Glaubenserfahrung betrachten, wenn sie sagen: „Wenn es dir gut geht und du fast dabei bist, ein wenig übermütig zu werden, dann bekommst du sofort wieder einen kräftigen Dämpfer von Gott." In Kreisen gläubiger Menschen herrscht oft die Vorstellung, Gott wolle die Menschen klein halten. Der selbstbewusste, eigenständig denkende und handelnde Mensch erscheint für manche Religionsführer als ein Gräuel vor Gott. Dem gegenüber sei ein demütiges und zerknirschtes Herz Gott wohlgefällig. In früherer Verkündigung wurde nicht selten der Eindruck erweckt, nur durch kritiklose Gläubigkeit, durch unterwürfige Demut und durch gehorsames Einhalten der Vorschriften der Religion, durch Verzicht- und Opferleistungen könne sich der Mensch die Gnade Gottes und damit seine Daseinsberechtigung vor Gott erwerben. Das übersteigerte Gehorsamsdenken führte die Menschen zudem dazu, ihre eigene Wahrnehmung, ihre eigenen Gedanken und Gefühle nicht sehr ernst zu nehmen und damit abzuwerten. Besonders die Verteufelung mancher Gefühle, wie z. B. des Zorns, verstärkte den Eindruck, dass der Mensch aus sich selbst nichts Gutes hervorbringen könne. All diese Elemente früherer Glaubensvorstellungen verstärkten oder stabilisierten vorhandene Minderwertigkeitsgefühle mancher Gläubiger. Es gibt alte gläubige Menschen, die aus ihrer Kindheitserfahrung erzählen, man habe ihnen einen Gott verkündet, der sie klein gehalten habe, der sie schüchtern und ängstlich machte, der ihnen ständige Schuldgefühle und Minderwertigkeitsgefühle einflößte. Erst durch einen eigenen persönlichen Glaubensweg haben sie zu einem nicht nur barmherzigen, sondern liebenden Gott gefunden, der ihnen Freiheit, Eigenständigkeit und Selbstbewusstsein ermöglicht und dafür seelische Stärkung schenkt.

Ob Menschen in christlicher Spiritualität eher Minderwertigkeitsgefühle bekommen oder zu einem gesunden Selbstwertgefühl finden, hängt wesentlich von ihrem Gottesbild ab, davon, welche Beziehung in ihrer Vorstellung Gott zum Menschen hat und in welcher Rolle sie den Menschen Gott gegenüber sehen.

In der Botschaft Jesu erscheint Gott weniger als Herrscher als vielmehr als mütterlicher, liebevoller Vater. Der Mensch wird weniger als Diener verstanden, sondern als Kind Gottes bzw. als Freund Jesu. Diener müssen dienen, Kinder dürfen erwachsen werden. Ein Mensch, der nicht in erster Linie nach dem Willen von Autoritäten funktionieren muss, sondern der seelisch wachsen und reifen darf, hat günstige Voraussetzungen, ein gesundes Selbstbewusstsein zu entwickeln. So wie die Liebe guter Eltern für ihre Kinder in den unterschiedlichen Altersstufen verschiedene Formen seelischer Nahrung darstellt, so enthält auch die Liebe Gottes zu uns Menschen verschiedene Dimensionen seelischer Nahrung, die wesentlich sind für den Aufbau eines gesunden Selbstwertgefühls und für die Überwindung von Minderwertigkeitsgefühlen.

Zu diesen Dimensionen der Liebe gehören vor allem folgende:

- *Liebe, die mich umfassend bejaht*
- *Liebe, die mir Achtung und Freiheit schenkt*
- *Liebe, die mich konfrontiert mit den Herausforderungen gemeinschaftlichen Lebens*
- *Liebe, die mir Verantwortung anvertraut*
- *Liebe, die mich tröstet in Alter, in Krankheit und Leid*

Diese Dimensionen der Liebe in der Beziehung zu Gott – oder durch „Stellvertreter Gottes“ in der Gestalt liebevoller Menschen – zu erfahren und für den Zustrom dieser seelischen Energien durch spirituelle Lebensformen sich offen zu halten, ist wesentlich für eine gesunde Religiosität, die Nahrung und Stärkung sein will für ein gesundes Selbstwertgefühl. Wie sind nun diese Dimensionen der Liebe im christlichen Glauben zu verstehen:

1. *Liebe, die mich umfassend bejaht*

Es gehört zu den wichtigsten spirituellen Erfahrungen, sich von Gott wahrgenommen und umfassend sich geliebt zu erleben. Manche erleben dies in einer Art wortlosen Gebet: Sie lassen sich von Gott anschauen und erfahren sich mit der Mannigfaltigkeit ihres Inneren angenommen. Sie spüren: Hier bin ich bejaht als Ganzer, hier muss ich nichts verbergen, hier kann ich meine Masken ablegen, hier kann ich seelische Abrüstung betreiben, ich brauche weniger Schutzmechanismen und Abwehrstrategien, hier kann ich mich selbst ehrlich anschauen und zulassen, dass ich bin wie ich bin. So habe ich die Chance, mich selber besser zu verstehen und an mir zu arbeiten, ohne mich seelisch zwanghaft verbiegen zu müssen. Denn grundsätzlich darf ich zuerst so sein, wie ich bin.

Es ist nicht selbstverständlich, dass ein Mensch selbst wahrnimmt, wie es um ihn steht, und es ist nicht selbstverständlich, dass er sich so annimmt, wie er ist. Je ehrlicher wir zu uns selber sind, desto mehr Unzulänglichkeiten, Fehlverhalten, belastende Eigenschaften, unter denen Mitmenschen und die Umwelt zu leiden haben, entdecken wir an uns. Aber auch körperliche, geistige und charakterliche Schwächen verhindern, dass wir unsere Ziele, unsere Wertvorstellungen, unsere guten Vorsätze immer verwirklichen könnten. Gegenüber vielem, was in unserer Welt leidvoll und ungerecht ist, erleben wir uns klein, oft hilflos und ohnmächtig.

Diese verschiedenen Formen von Kleinheit, Schwachheit und Hilflosigkeit im eigenen Leben gilt es, bewusst wahrzunehmen und anzunehmen. In der Bibel stehen dazu hilfreiche Sätze der Ermutigung und des Trostes.

Eine der schönsten Formulierungen im Alten Testament steht als Gebetstext in Psalm 8: „Was ist der Mensch, dass du seiner gedenkst, was ist des Menschen Kind, dass du dich seiner annimmst?“

Ähnlich in Jes 49,15f: „Kann denn eine Frau ihr Kind vergessen, … und selbst, wenn sie es vergessen würde: ich vergesse dich nicht. Sieh her: ich habe dich eingezeichnet in meine Hände.“

Dem von Schuldgefühlen bedrückten Menschen sagt der Prophet Jesaja: „Wenn deine Sünden rot wären wie Scharlach, sie sollen weiß werden wie Schnee“ (Jes 1,18).

Im Neuen Testament zeigt Jesus demonstrativ, dass den so genannten Sündern die besondere Zuwendung Gottes gilt. Dies drückt er auch in seinen Gleichniserzählungen aus, wie z. B. im Gleichnis vom verlorenen Sohn (Lk 15,11–32) und im Gleichnis vom verlorenen Schaf (Lk 15,3–7) und ein Schlüsselsatz zu diesem Thema ist die Formulierung der ersten Seligpreisung in der Bergpredigt des Matthäus: „Selig, die arm sind …“ (Mt 5,3).

Diese Texte laden ein, sich selbst mit der eigenen menschlichen Armseligkeit wahrzunehmen und sich in den Augen Gottes angenommen und bejaht zu erfahren. Sie wollen den Menschen von den vielfältigen Kompensationsversuchen seiner Minderwertigkeitsgefühle befreien („erlösen“).

Ein wesentlicher Aspekt von „Erlösung“ im christlichen Sinne lässt sich also verstehen als ein Angesprochen-Sein von Gott, der uns eine grundsätzliche Daseinsberechtigung, Werthaftigkeit und Liebenswürdigkeit zusagt, die uns in unserem Dasein als „Kinder Gottes“ geschenkt ist, die wir uns also nicht verdienen, nicht eropfern, erbitten oder erarbeiten müssen.

2. *Liebe, die mir Achtung und Freiheit schenkt*

Es ist die Erfahrung, dass ich in der Beziehung zu Gott nicht nur Geborgenheit im umfassenden Angenommen- und Geliebtsein erfahre, sondern dass diese Liebe mich spüren lässt, dass sie nicht Besitz ergreifend und in Abhängigkeit haltend ist, dass sie nicht nur ein Dazugehören-Dürfen vermittelt, sondern dass sie mich frei gibt und frei lässt, damit ich mein eigenes Wesen entdecke, zu meinem eigenen „Ich“ finde und die Freiheit erfahre, die es mir ermöglicht, in eigener Souveränität die Grundbeziehungen meines Lebens zu gestalten und meine Begabungen und Talente so zu verwirklichen, dass die Originalität und Einzigartigkeit meines Wesens die Chance bekommt, für mich und für andere Menschen sichtbar zu werden, dass also meine Seele „zur Welt kommen“ kann.

Hier geht es auch darum, die Angst und die Unsicherheit auszuhalten, die in der Entdeckung der eigenen Originalität und damit in dem, was mich von anderen zutiefst unterscheidet, auftauchen kann. Denn die Freiheit, die uns Menschen so wichtig ist, erfahren wir nicht nur als innere seelische Weite, die uns viele Möglichkeiten eröffnet, sondern auch als ein „Geworfen-Sein“, wie es uns der Existentialismus in drastischer Weise präsentiert hat, auch als ein „Zurückgeworfen-Sein“ auf uns selbst. Freiheit, die keine Geborgenheit und kein inneres Gehalten-Sein kennt, kann zu einer erschreckenden Einsamkeitserfahrung führen. Andererseits erfahren wir Geborgenheit, die den Weg zur Freiheit nicht öffnet, wie einen goldenen Käfig, der letztlich ein seelisches Besitzverhältnis darstellt.

Echte Liebe ist immer Freiheit schenkend, Eigenständigkeit ermöglichend, ist immer mit Achtung vor der Andersartigkeit des anderen verbunden. Diese Liebe in der Beziehung zu Gott zu entdecken und zu spüren, schenkt ein starkes Selbstwertgefühl. Menschen, die dies erfahren haben, werden im Glauben und durch den Glauben eigenständig, innerlich frei und stark.

3. *Liebe, die mich konfrontiert mit den Herausforderungen gemeinschaftlichen Lebens*

Seelisch nährende, gesunde Liebe schenkt uns nicht nur ein Dazugehörigkeits- und Geborgenheitsgefühl, ermöglicht nicht nur eine Entfaltung unserer Freiheits- und Selbstverwirklichungsbedürfnisse, sondern öffnet uns die Augen für unser Vernetztsein mit den größeren Lebenszusammenhängen menschlicher Gemeinschaften und ökologischer Verflechtungen. So konfrontiert uns Liebe, die uns wirklich ernst nimmt, auch mit den Herausforderungen gemeinschaftlichen Lebens. Da im christlichen Sinne die Liebe und Barmherzigkeit Gottes den Menschen aller Völker, aller Kulturen, Religionen und Gesellschaftsschichten gilt, was durch das Wort „katholisch“ im Sinne von „allumfassend, das Ganze betreffend“ ausgedrückt ist, erfährt der gläubige Mensch in seinem Geliebtsein von Gott her auch den Ruf zur Horizonterweiterung seines Mitgefühls, seiner Verstehensbereitschaft, seiner Solidarität und seiner Achtung für andere. Er erfährt dies als Ruf zur „Umkehr“, zum „Umdenken“, zur „Bekehrung“. Diesen Aspekt der Liebe empfindet der Mensch oft als Infragestellung und Verunsicherung bisheriger Verhaltensmuster und Lebensmodelle, als schmerzhafte „Blindenheilung“, als Konfrontation mit den Notwendigkeiten gemeinschaftlichen Lebens. Für die Befriedung und Heilung menschlicher Gemeinschaften ist dabei vor allem die vorrangige Sorge für die Benachteiligten, für die Armen und für die besonders Bedürftigen wesentlich. Auch wenn diese Dimension der Liebe besonders schmerzvoll und herausfordernd empfunden werden kann, stärkt sie letztlich das Selbstwertgefühl; denn wer die Anforderungen gemeinschaftlichen Lebens in allen Dimensionen menschlicher Existenz zu erkennen vermag und ihnen in menschlich wertvoller Weise gerecht wird, entwickelt ein anderes Selbstbewusstsein als ein Mensch, der dafür blind ist und in engstirniger Selbstgenügsamkeit dahinlebt. Auch in der therapeutischen Arbeit gibt es die Erfahrung, dass ein Mensch mit einer wachsenden Wahrnehmung seiner sozialen und existentiellen Bezüge und einer entsprechenden Verantwortungsbereitschaft selbstbewusster und zufriedener ist, als eine Person, die mit sehr beschränktem Horizont nur die eigenen Interessen vertritt.

4. *Liebe, die mir Verantwortung anvertraut*

Liebe, die unser Selbstwertgefühl nähren soll, erfahren wir vor allem auch, wenn wir einen Verantwortungsbereich übertragen bekommen oder in einen Verantwortungsbereich selbst hineinwachsen, wie dies z. B. bei einer Eheschließung und der Gründung einer Familie geschieht. Hier wird geschenkte Freiheit nicht nur als das Angebot verschiedener Möglichkeiten erfahren, sondern als Verpflichtung zu Entscheidungen, die uns binden an Menschen und Aufgaben. Erst in solchen Bindungen können sich unsere Talente und Begabungen, kann sich unser Wesen und unsere Originalität so entfalten, dass wir uns selbst als erwachsene Menschen in umfassender Weise ernst nehmen können und uns ernst genommen erfahren. Manche gläubige Eltern erleben bei der

Tauffeier ihres Kindes diese „anvertraute Verantwortung“ für das Neugeborene als eine spirituelle Erfahrung, die ihnen ein tiefes Selbstwertgefühl ermöglicht. In der Bibel sind spirituelle Erfahrungen in diesem Sinn oft als „Berufungserzählungen“ von Propheten und anderen bedeutenden Personen dargestellt, in denen nicht selten der „Berufene“ sich wehrt und auf seine Jugend hinweist wie der Prophet Jeremia oder auf seine Rede-Unfähigkeit wie Mose. Mancher erlebt das Vertrauen, das ihm geschenkt wird und den Verantwortungsbereich, der ihm übertragen wird, zuerst einmal als Zumutung oder Überforderung und muss erst in seine Aufgabe hinein wachsen. Nicht nur wie man mit Vertrauen oder mit Zumutungen dieser Art umgeht, prägt langfristig das eigene Selbstbewusstsein, auch wie man mit Überforderungen, mit Niederlagen, mit Versagen und Hilflosigkeit umgeht, ist wesentlich für die Entwicklung unseres Selbstwertgefühls. Es ist die Erfahrung gläubiger Menschen auch heute, dass Gott uns Verantwortung und Aufgaben im Sinne einer menschlicheren Welt zumutet, dass er uns aber auch trägt und innerlich hält in unseren Misserfolgen, Enttäuschungen und sogar in unserem selbstverschuldeten Versagen. Gerade dieser Aspekt des spirituellen Erlebens der Beziehung zu Gott kann eine entscheidende Stütze sein für ein gesundes Selbstwertgefühl.

5. *Liebe, die mich tröstet in Alter, in Krankheit und Leid*

Nicht nur in einer optimalen Entfaltung seines Lebens kann der Mensch Selbstwertgefühl entwickeln und Minderwertigkeitsgefühle überwinden, auch im Abbau bzw. in der Beschränktheit seiner körperlichen und geistigen Möglichkeiten hat er Sehnsucht nach einem gesunden Selbstbewusstsein. Wer nur vom Erfolgsdenken her das Leben betrachtet, wird dies wohl als unmöglich empfinden; er wird Krankheit und Alter und die damit verbundenen Begleiterscheinungen nur als Lebensverkümmerung interpretieren. Aber wer mit alten und sterbenden Menschen viel Kontakt hat, der weiß, welchen Frieden, welche tröstende und stärkende Energien Menschen ausstrahlen, die ihre Lebensgeschichte, ihre körperliche Vergänglichkeit und die Tatsache ihres bevorstehenden Todes angenommen haben. Mit solchen Menschen über „Gott und die Welt", über „Leben und Tod" zu reden, kann für andere, die in der Vollkraft ihres Lebens stehen, das Gespür wecken für das Wesentliche und Unwesentliche in den alltäglichen menschlichen Sorgen. In solchen Gesprächen bekommt man eine Ahnung von dem seelischen Weg, den diese Menschen durch Verunsicherungen und Erschütterungen hindurch hinter sich haben. Manche können es in Worte fassen, dass sie auf diesem Weg gelernt haben, sich fallen zu lassen und so vieles loszulassen, was ihnen früher so wichtig und wertvoll war, und dass ihnen dabei innerer Trost und Geborgenheit zugeflossen sind. Da sie diese seelische Stärkung im Zusammenhang mit ihren abnehmenden Kräften nicht als Folge ihrer körperlichen Situation verstehen können, erleben sie dies umso mehr als ein Beschenktwerden. Gerade diese Erfahrung ermöglicht ihnen eine neue Art von Selbstwertgefühl, das eine gewisse Ähnlichkeit hat mit dem Gefühl eines Kindes, das sich umfassend geliebt, beschenkt und bejaht erlebt; aber der alte Mensch kann in seiner Erfahrung des Loslassenmüssens wahrnehmen, was er alles geschaffen hat, was er an Liebe geschenkt und an schöpferischer Kraft investiert hat. Er weiß sich in anderer Weise der Welt, menschlichen Beziehungen und Gemeinschaften zugehörig als ein Kind. Er sieht, was an innerer Verbundenheit und an Bedeutung füreinander gewachsen ist und erhalten bleibt, auch wenn er das Leben nicht mehr in der Weise „im Griff hat", wie in seinen früheren Jahren. Er kann zuschauen und loslassen, er kann „das Zeitliche segnen" und weiß sich dabei mit dem „Zeitlichen" ebenso verbunden wie mit dem „Ewigen".

In einer gesunden Spiritualität geht es darum, diese verschiedenen Quellen der Liebe in Gott zu entdecken, für diese verschiedenen Formen seelischer Nahrung offen zu werden und sich davon beschenken zu lassen.

VI. Seelische Nahrung für die Entwicklung eines Selbstwertgefühls bei Kindern

Es ist auch in unserer Zeit keineswegs allen Eltern bewusst, wie sehr Kinder auch seelische Nahrung brauchen. Ich bin überzeugt, das Wichtigste, wozu Eltern ihren Kindern helfen sollten, ist, ihnen Wege zu zeigen und Unterstützung zukommen zu lassen, dass sie ein gesundes Selbstwertgefühl entwickeln können. Was gehört nun zu den wesentlichen seelischen „Nahrungsmitteln“, die Eltern einem Kind für den Aufbau eines gesunden Selbstwertgefühls geben können?

1. *Das Kind wahrnehmen als „liebenswertes Original“*

Allein schon das Kind anzuschauen, es anzulächeln und freundlich anzusprechen, ihm Zuwendung und Zärtlichkeit zu schenken, ist wichtigste seelische Nahrung vom Säuglingsalter an. Später gehört dazu sicher auch, einem Kind zuzuhören, Verständnis zu haben für seine Gefühle und Interesse zu zeigen für seine Erfahrungen und Fragen, Zeit zum Spielen und zum Scherzen zu haben und gemeinsam etwas zu planen und zu unternehmen. Es ist seelische Nahrung, wenn Eltern ihrem Kind die Welt im Kleinen und Großen erklären und es spüren lassen, dass es geliebt und angenommen ist, so wie es ist.

Die Liebe, die das Selbstwertgefühl eines Kindes aufbaut, ist nicht nur die Liebe zum Kind selbst, sondern auch die Liebe, die Eltern in Form von Hilfsbereitschaft und Verständnis gegenüber anderen Menschen, besonders gegenüber bedürftigen und sehr schwierigen Personen, vorleben.

Da der seelische Hunger eines Kindes nicht nur im Bedürfnis nach Wahrgenommen werden und Dazugehören besteht, sondern auch in der Sehnsucht, die eigene Originalität zu entdecken und zu zeigen, ist die entsprechende seelische Nahrung dafür von Seiten der Eltern, ihr Kind auch in seinem Anderssein wahrzunehmen und zu achten.

Sie erlauben ihm, sich von den Eltern zu unterscheiden, lassen ihm aber spüren, dass es mit dem Ganzen seines Wesens und mit der Vielfalt und der Gegensätzlichkeit seiner Gefühle umfassend angenommen ist und zu seinen Eltern dazugehören darf. Formulierungen der Eltern, die einem Kind helfen, Selbstwert zu entwickeln, können in diesem Zusammenhang z. B. so lauten: „Ich merke, dass du das anders siehst und anders empfindest, aber die Menschen sind eben verschieden." oder „Es ist interessant, wie du das siehst." Jedes Kind möchte ein Original sein dürfen, nicht ein Ersatz für ein anderes Kind, nicht nur ein Trostpflaster auf einer seelischen Wunde von Mama oder Papa, nicht ein Ersatz für das, was Papa oder Mama in der eigenen Kindheit vermisst haben oder nicht zu verwirklichen geschafft haben.

Schon in den ersten Lebensjahren können Eltern eine gesunde Basis für die Entwicklung eines gesunden Selbstwertgefühles ihres Kindes legen, wenn sie Gefühle ihres Kindes wie Sehnsucht, Zorn, Trauer wahrnehmen, richtig deuten und angemessen darauf reagieren. Das Kind spürt die polare Struktur der Liebe als Zuwendung und Achtung, wenn es signalisiert, dass es in Ruhe gelassen und für sich sein will und dies von den Eltern respektiert wird. Aber auch wenn die Eltern sich ungerecht verhalten haben und zeigen, dass es ihnen leid tut oder wenn sie vom Kind verlangen, dass es soweit wie möglich Verantwortung für das übernimmt, was es angestellt hat, oder auch dafür, wenn es jemand beleidigt hat, zeigt dies dem Kind, dass man sich gegenseitig wahrnimmt, dass man füreinander bedeutungsvoll ist und sich gegenseitig ernst nimmt.

2. *Das gute Vorbild*

Manche Eltern, die sehen, dass ihr Kind schüchtern und ängstlich ist und offensichtlich wenig Selbstwertgefühl hat, überlegen, wie sie ihrem Kind Selbstwertgefühl „anerziehen“ könnten. Aber sie merken nicht, dass ihr Kind ihre eigenen Minderwertigkeitsgefühle zum Ausdruck bringt, während sie selbst diese mit Kompensationsmethoden überspielen. So sind Kinder mit Problemen dieser Art eine wichtige Herausforderung für die Eltern, gesunde und ungesunde Selbstwertgefühle bei sich selbst zu unterscheiden.

Es gibt Eltern mit sehr wenig Selbstwertgefühl, die deshalb sehr viel an ihren Kindern herumschimpfen und ihnen wenig Zuwendung schenken, weil ihnen die Kinder ihr Minderwertigkeitsgefühl widerspiegeln, was sie nicht ertragen können. Die Kinder sollen erfolgreich sein im Sport, in der Musik, in der Schule, später im Beruf, damit die Minderwertigkeitsgefühle der Eltern dadurch zugedeckt werden. Aber es entstehen keine gesunden Selbstwertgefühle im Kind, wenn es durch die Prestigebedürfnisse der Eltern zu besonderen Leistungen gedrängt wird und es sind keine gesunden Selbstwertgefühle der Eltern, die durch die besonderen Leistungen der Kinder ihnen zuwachsen. Gesunde Selbstwertgefühle entstehen nie allein durch das, was man nach außen präsentieren kann, sondern haben immer mit der Zunahme der Selbstwahrnehmung zu tun, die sicher auch durch zwischenmenschliche Kommunikation gesteigert wird.

So ist das Wichtigste, was Eltern diesbezüglich Kindern geben können, den Kindern ein gutes Vorbild für die Entwicklung eines gesunden Selbstwertgefühls und für die Überwindung von Minderwertigkeitsgefühlen zu sein (siehe dazu Kapitel IV. und V.). Wenn Eltern etwas Gutes für die Seelen ihrer Kinder tun wollen, dann sollten sie etwas Gutes für die eigene Seele tun, d. h. für ihr eigenes Selbstwertgefühl; denn das erkennen und holen sich Kinder ganz von selbst. Dafür ist eine gesunde Selbstliebe bei den Eltern wichtig. Selbstliebe meint nicht Egoismus oder Narzissmus, sondern bedeutet, sich selber ernst zu nehmen, sich selbst mit den Gegensätzen und Abgründen der eigenen Seele zu verstehen suchen und sich damit anzunehmen, und die nötige Mühe und Zeit aufzubringen, die eigenen Kompensationsformen für Minderwertigkeitsgefühle zu durchschauen und aufzulösen. Denn wenn Eltern sehr viel verdrängen, ist die Wahrnehmung eines Kindes in der ersten Lebensphase stärker auf das gerichtet, was in den Seelen der Eltern lebendig ist, als auf das, was es selbst erlebt.

3. Die gegenseitige Achtung der Eltern

Ein Kind wird seelisch zwischen die Eltern hineingeboren. D. h. was zwischen den Eltern seelisch an Zuneigung und Anteilnahme fließt, aber eventuell auch an Abwertung und Ablehnung, das fließt durch die Seele des Kindes hindurch. So hat das Kind in gewisser Weise eine seelische Mittelposition als Teil der Gemeinschaftsseele der Eltern. Deshalb ist es für die Entwicklung des Selbstwertgefühls des Kindes wesentlich, was in den Wechselströmungen zwischen seinen Eltern durch seine eigene Seele hindurchfließt. Da Kinder mit einem gewaltigen Vertrauensvorschuss in die Welt kommen, mit einem starken Glauben an gegenseitige Wertschätzung und Zuneigung, empfinden sie Verachtung, Abwertung und Demütigungen, die es zwischen den Eltern vielleicht gibt, als starke Bedrohung der eigenen Daseinsberechtigung.

Deshalb ist es für ein Kind so wichtig, dass die Eltern mitfühlend und Anteil nehmend, mit einer grundsätzlichen Achtung und Wertschätzung miteinander umgehen. Eine solche gegenseitige seelische Haltung muss sich vor allem auch in den Strukturen der Beziehung widerspiegeln, wenn es um Arbeitsteilung für die unangenehmen Tätigkeiten in der Familie geht und um Entscheidungsfindung in allen wesentlichen Lebensbereichen. Hier zeigt sich, ob es sich um eine partnerschaftliche Beziehung handelt oder um eine Beziehung mit einem starken „Gefälle", in der ein Partner sehr dominant und der andere unterwürfig ist. In einer partnerschaftlichen Beziehung, die diesen Namen auch wirklich verdient, kann jeder bei für ihn sehr wichtigen Anliegen sich durchsetzen und bei Anliegen, die für den anderen wichtig sind, nachgeben. Jeder ist in der Lage, wesentliche Gefühle auszudrücken und Bedürfnisse zu formulieren und deren Wichtigkeit dem anderen deutlich zu machen. „Sich Behaupten" und „Nachgeben" haben in einer solchen Paarbeziehung ein – langfristig betrachtet – ausgewogenes Verhältnis.

Zeigt sich die Mutter als „Original" und zeigt sich der Vater als „Original" und lieben sich die beiden in Achtung ihrer Unterschiedlichkeit, dann getraut sich auch das Kind, seine eigene Originalität zu entdecken und zu zeigen, ohne Angst haben zu müssen, die Dazugehörigkeit zu den Eltern zu verlieren. Denn es gehört zur Eigenart des Menschen, dass er seine Originalität, durch die er sich von seinen Mitmenschen unterscheidet, umso mehr entdeckt, je mehr er zu sich selber findet. Andererseits entwickelt er umso mehr Einfühlungsvermögen und Mitgefühl für andere Menschen, je mehr er zu seiner eigenen Originalität gefunden hat. Dies ist das Kriterium für gesunde seelische Strukturen in beide Richtungen, nach innen und nach außen. Handelt es sich nämlich in der Hilfsbereitschaft für andere um ein „Sich-verdienen-wollen" von Anerkennung, ist ein Kompensationsverhalten für Minderwertigkeitsgefühle vorhanden und führt nicht zu einer gesunden inneren Ausgeglichenheit und zur Wahrnehmung der eigenen Originalität. Handelt es sich bei der Entdeckung der eigenen Originalität um ein eifersüchtiges und arrogantes „Zur-Schau-stellen des eigenen Wesens", ist auch hier eine Kompensationsform von Minderwertigkeitsgefühlen vorhanden und führt nicht zu Mitgefühl und Solidarität mit anderen.

Wichtig ist vor allem, dass ein Kind nicht erleben muss, dass ein Elternteil den anderen abwertet, verspottet oder demütigt, wenn es Meinungsverschiedenheiten gibt.

Gibt es in der Elternbeziehung ein starkes Ungleichgewicht, ist das Kind in Gefahr, zwischen den seelischen Befindlichkeiten hin- und herzupendeln, d. h. in Solidarität mit dem unterwürfigen Elternteil offene Minderwertigkeitsgefühle zu entwickeln und in Solidarität mit dem dominanten Elternteil arrogant und selbstgerecht Kompensationsformen für Minderwertigkeitsgefühle zu entwickeln. Es wird in seinen Gefühlen stark schwanken zwischen Minderwertigkeitsgefühlen und Arroganz.

Wesentlich ist, dass beide Elternteile das Kind wahrnehmen und ihm aus der jeweils unterschiedlichen Blickrichtung die Welt und das Leben zu erschließen suchen, ihm aber auch die Begrenztheit des Lebens und die Beschränktheit der Möglichkeiten und der materiellen Güter zeigen, die dem einzelnen Menschen als Mitglied in der Gemeinschaft des Lebens auf diesem Planeten zur Verfügung stehen.

Bei Scheidungseltern, die in fairer Weise unter Vermeidung verletzender Abwertungen und Demütigungen ihre Trennung vollzogen haben und zu ihren Kindern eine lebendige Beziehung aufrechterhalten, stellen sich die Probleme für das Selbstwertempfinden der Kinder kaum anders, als in einer intakten Familie. In diesem Fall ist es aber wichtig, den Kindern deutlich zu machen, dass sie mit Vater und Mutter blutsverwandt sind, was bei diesen in ihrer Beziehung zueinander nicht der Fall ist. Deshalb haben sie das Recht und die Pflicht, die eigene Beziehung zu Vater und Mutter anders zu sehen und zu gestalten, als diese es untereinander tun. Kein Kind muss Solidarität zeigen mit der Beziehung und damit mit den Problemen, die der eine Elternteil mit dem anderen hat, und wo dies Kinder aus eigenem Antrieb tun, gilt es, sie davon zu entlasten.

Bei allein erziehenden Müttern oder Vätern, die keinerlei Unterstützung vom Partner erhalten, ist es außerdem wichtig, diesen „Ausfall“ dem Kind auf eine Weise zu erschließen, dass dabei niemand abgewertet und verachtet wird. Das kann natürlich in manchen Fällen sehr schwierig werden. Aber ein Kind kann nur dann ein gesundes Selbstwertgefühl entwickeln, wenn es Hilfe dafür erfährt, auch unter solchen Bedingungen sein Leben von Vater und Mutter in gleicher Weise innerlich anzunehmen und das Kommen seines Lebens aus diesen beiden konkreten Menschen zu achten. Manchmal hilft dabei ein spiritueller Ritus, durch den wir Vater und Mutter als Mittler des Lebens, das uns eigentlich von der großen Mutter Natur und von Gott her zufließt, verstehen (ausführlicher dazu in „Geburt des ICH“, S. 124).

Schlusswort

Selbstwertgefühl ist nicht gleich Selbstwertgefühl. Jeder von uns kennt Menschen, die mit erhobenem Haupt und stolzem Blick durch das Leben gehen und offensichtlich ein starkes Selbstwertgefühl haben.

Aber ihr Stolz ist genährt von der seelischen Ausbeutung ihrer Mitmenschen. Sie schauen auf andere herab und fühlen sich als etwas besseres, sei es aufgrund ihrer Bildung, ihres Reichtums, ihres Bekanntheitsgrades oder ihrer beruflichen Position. Aber dies ist kein Selbstbewusstsein, das auch in Krisen, in Krankheit und vor dem Tod Bestand hat: Arroganter Stolz ist immer eine Methode der Verdrängung eigener seelischer Schmerzen und Schwächen.

Ein gesundes Selbstwertgefühl hat damit zu tun, dass man in der Selbstwahrnehmung und Selbstannahme voranschreitet, ohne sich mit anderen vergleichen zu müssen und ohne an sich und an seine Mitmenschen mit inneren Bewertungskategorien heranzugehen. Es geht vielmehr darum, bei sich selbst die ganze Bandbreite von Gefühlen und Stimmungen bewusst zur Kenntnis zu nehmen, sie zu akzeptieren und auszuhalten und sie als Signale und Botschaften der Seele ernst zu nehmen und einen Weg des Verstehens zu gehen.

Ob es Gefühle der Freude oder der Trauer, der Zuneigung oder des Zorns, der Lust oder des Schmerzes sind: Es geht darum, Gefühlen in sich Raum zu geben, ihnen aber auch nach außen hin Ausdruck zu verleihen, sei es, indem man sie zeigen kann in einem Raum mitmenschlichen Vertrauens, sei es, indem man sie durch Protest, Kritik oder andere Ausdrucksweisen an die Öffentlichkeit bringt.

Ähnlich wichtig für ein gesundes Selbstwertgefühl ist die Wahrnehmung und Akzeptanz der eigenen Lebensgeschichte mit ihren jeweiligen Licht- und Schattenseiten.

Selbstwertgefühl entsteht dort, wo man Ja-Sagen lernt zur Vielfalt und zu den Abgründen der eigenen Gefühlswelt und

Ja-Sagen lernt zum Ganzen der eigenen Vergangenheit und damit das Leben als eine Einheit begreift und akzeptiert, von der man nichts zu verdrängen oder wegzuschneiden versucht.

Dieses Ja-Sagen zur eigenen Vergangenheit bedeutet nicht, alles für gut und wertvoll zu halten, was man erlebt und getan hat, sondern innerlich einzuwilligen, dass dies alles, ob es Erfolg oder Misserfolg, Verletzung oder Schuld, Peinliches oder Trauriges war, zu mir dazugehört, dass dies alles „ich" war und bin: Ich bin bereit, eins zu sein mit meiner ganzen Geschichte.

Wer ein gesundes Selbstwertgefühl hat, kann auch einmal weinen und sich innerlich erschüttern lassen; er kann sich kritisieren lassen, ohne aggressiv oder depressiv zu werden; er kann es innerlich zulassen, sich hilflos und verunsichert zu erleben; er kann zwischendurch seelisch „am Ende sein"; denn er weiß: Die Möglichkeiten, die Welt mit ihren dunklen Seiten zu verstehen, sind begrenzt, oder um es mit einem Wort von Lessing zu sagen: „Wer über gewisse Dinge den Verstand nicht verliert, der hat keinen zu verlieren" (zitiert nach: Keller, Albert: Schmerz-Leid-Tod; Wie kann Gott das zulassen? Mainz 1980, S. 42).

Minderwertigkeitsgefühle sind etwas Natürliches; sie gehören zur menschlichen Seele dazu wie Angst und Trauer, wie Zorn und Liebe. Wenn sie langfristig in unserer Gefühlswelt die Hauptrolle übernehmen, wenn sie zu einer anhaltenden Grundstimmung werden, besteht tieferer Erkenntnis- und Handlungsbedarf.

Minderwertigkeitsgefühle zu haben, ist nicht das entscheidende Problem, sondern wie wir damit umgehen, ob wir jahrelang untätig darunter leiden, oder ob wir sie verdrängen und sie dann in kompensatorischen Formen in problematischer Weise abreagieren oder ob wir sie uns innerlich eingestehen, sie aufmerksam innerlich „anschauen", sie als hilfreiche Signale unserer Seele verstehen, deshalb ihre Botschaften zu deuten vermögen und dadurch entscheidungs-

und handlungsfähig werden für den Aufbau eines gesunden Selbstbewusstseins.

Wir können kein gesundes Selbstwertgefühl entwickeln, wenn wir uns innerlich über andere Menschen stellen, wenn wir auf andere Menschen herabschauen und sie verachten. Gesunde Selbstachtung und eine grundsätzliche Achtung gegenüber unseren Mitmenschen sind zwei seelische Haltungen, die langfristig untrennbar miteinander verbunden sind, auch wenn uns das keineswegs immer bewusst ist.

Achtung gegenüber auch schwierigen Mitmenschen aber können wir nur entwickeln, wenn wir zu einem tiefen Mitgefühl mit dem Schicksal dieser Menschen grundsätzlich fähig sind und andererseits ihnen nicht hilflos ausgeliefert sind, dass wir uns also in der Zeit, in der wir unser eigenes seelisches Fundament ausloten und entwickeln, vor massiver Einmischung zu schützen vermögen.

So vielfältig, ja gegensätzlich sich Minderwertigkeitsgefühle äußern können, so vielfältig sind auch die Möglichkeiten, sie zu beeinflussen und abzubauen. Es ist nicht einfach Schicksal oder ein vorgegebener Charakter, dem man als Mensch mit Minderwertigkeitsgefühlen ausgeliefert ist. Dieses Buch will jedem, der unter solchen Problemen leidet, die Augen öffnen und Handlungsmöglichkeiten erschließen, um seinem seelischen Leben eine Grundlage und eine Zukunftsperspektive zu ermöglichen, um sowohl Sensibilität und Einfühlungsvermögen wie auch innere Stärke und Stabilität aufzubauen. Dies sind die entscheidenden Voraussetzungen, um das eigene Leben wertvoll und kreativ zu gestalten und verantwortungsvoll mit den größeren und kleineren Lebenszusammenhängen umzugehen, in die unser Dasein eingebettet ist.

Manfred Hanglberger

Ich bin zornig – und das ist gut so!

Wut verstehen und konstruktiv nutzen

Topos plus Taschenbuch 482

116 Seiten

ISBN 3-78678482-5

Gefühle machen das Leben nicht nur bunt und abwechslungsreich, sondern können auch seelisch lähmen, verletzendes und zerstörerisches Verhalten provozieren. Die Logik der Gefühle gehorcht anderen Gesetzen als die Logik der naturwissenschaftlich erforschbaren Außenwelt; deshalb sind auch in unserer aufgeklärten Bildungsgesellschaft viele Menschen beim Erleben heftiger Gefühle unangenehm berührt und ratlos.

Wut und Zorn gehören zu den weithin ungeliebten, ja verteufelten und als sündhaft titulierten Gefühlen. Sie im Netzwerk der Gefühle zu verstehen, zu erkennen, wodurch sie ausgelöst werden, was sie in ihren verschiedenen Formen signalisieren und wie sie in positive Handlungsenergie umgewandelt werden können, ist das Anliegen dieses Buches.

Topos plus Taschenbücher

Manfred Hanglberger

Signale des Unbewussten

Ängste verstehen und bewältigen

Topos plus Taschenbuch 312

2. Auflage, 120 Seiten

ISBN 3-7867-8312-8

Angst ist bei den meisten Menschen ein abgewertetes, aber auch ein gefürchtetes Gefühl. Während in der Tierwelt Angst meist enorme Energien freisetzt und damit dem Überleben dient, erleben Menschen oft lang anhaltende Ängste, die Lebensenergien und Lebensfreude rauben und den Seelenhaushalt lähmen können. Diese Angst hat viele Gesichter, aber auch viele verschlüsselte Ausdrucksformen. Sie wahrzunehmen, zu verstehen und zu bewältigen, dazu leitet dieses Buch an.

Aus familientherapeutischer Sicht werden Ängste als Signale und Handlungsenergien beschrieben. Es werden Hintergründe und Wirkungsweisen der typisch menschlichen Angst anhand zahlreicher konkreter Verhaltensweisen analysiert.

Das Buch öffnet Wege der inneren Befreiung und Heilung: Es zeigt, wie die durch Ängste gebundenen Energien positiv genutzt und für ein selbstbewusstes Leben fruchtbar gemacht werden können.

Topos plus Taschenbücher

Manfred Hanglberger

Die Geburt des ICH

Wie die Seele „zur Welt kommt"

Topos plus Taschenbuch 354

2. Auflage, 180 Seiten

ISBN 3-7867-8354-3

Das Buch beschreibt familientherapeutische Grunderkenntnisse über seelische Reifungs- und Heilungsprozesse und über „seelische Arbeit". Seelische Arbeit ist eine natürliche und notwendige Aufgabe für jeden Menschen, der seelisch erwachsen werden will, der eine innere Eigenständigkeit anstrebt und ein Selbstbewusstsein entwickeln will, das nicht auf Kosten der Mitmenschen geht.

Wie sieht seelische Arbeit aus? Welches Grundwissen ist nötig? Wie erkennt und löst man die wichtigsten seelischen Aufgaben? Diese Fragen beantwortet der Autor, indem er die Hintergründe und Heilungsmöglichkeiten für seelische Leiden aus der systemischen Sicht der Familientherapie aufzeigt.

Die Beschreibung der vielen problematischen Rollen, in die Kinder geraten können, ist zudem für Eltern eine wertvolle Hilfe, sich selbst und ihre Kinder von unbewussten seelischen Belastungen zu befreien und den seelischen Raum zu schaffen, in dem das ICH des Kindes „zur Welt kommen" kann.

Topos plus Taschenbücher